한국어와 중국어 날씨 어휘의 대조 연구

왕애운 王爱云

山东师范大学 朝鲜语专业（文学学士）
中国海洋大学 亚非语言文学专业（文学硕士）
韩国韩南大学 韩国语言文化专业 （文学博士）
现任青岛滨海学院外国语学院 韩语专业 讲师

研究领域
韩国语言文化、韩〵语教育

项目
参与多项省部级科研项目
主持校级项目2项
横向课题1项

译著
『丛林故事』

论文
「한·중 어휘 '바람' 의미양상 대조 연구」
「汉韩"风"/"바람"的隐对喻比研究」
「基于BB平台的韩语精读混合式教学设计研究」
「基于BB平台的小组合作学习模式应用研究」
「"课程思政"理念推动下的《韩语精读》教学探析」

해외한국학연구총서 K070

한국어와 중국어 날씨 어휘의 대조 연구

초판 인쇄 2022년 10월 5일
초판 발행 2022년 10월 15일

지은이 왕애운 **펴낸이** 박찬익
펴낸곳 ㈜박이정 **주소** 경기도 하남시 조정대로45 미사센텀비즈 7층 F749호
전화 031) 792-1193 **팩스** 02) 928-4683 **홈페이지** www.pjbook.com
이메일 pijbook@naver.com **등록** 2014년 8월 22일 제2020-000029호

ISBN 979-11-5848-827-7 93710

해외한국학연구총서
K070

天气词汇

한국어와 중국어 날씨 어휘의 대조 연구

王爱云 著

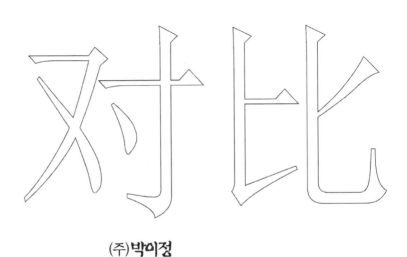

(주)박이정

머리말

저는 중국의 대학교에서 한국어를 가르치던 중, 저 자신의 한국어 및 언어학 수준이 부족함을 느껴 박사과정 공부를 결심하고 한국에 왔습니다. 한남대학교에 와서 전공 공부를 시작한지 4년이라는 시간이 흘렀습니다. 4년 동안 유학생활에 고통이 많았습니다만, 많은 분들이 도와주신 덕분에 행복한 시간을 보냈을 뿐 아니라, 당초의 목적이던 공부 역시 많은 것을 배웠습니다. 이러한 감사를 표하기에 이 글은 한참 부족하겠지만 미약하게나마 그 동안 도움을 주신 여러분들께 감사의 말씀을 전해드리고자 합니다.

먼저 많이 부족한 저를 제자로 받아주시고 가르쳐주신 지도교수님이신 박영환 선생님께 진심으로 감사합니다. 선생님께서는 저에게 학업에 있어 항상 꼼꼼해야 하며 내가 알고 있는 것을 다른 사람에게 쉽게 설명할 수 있어야 한다는 것을 강조하셨고, 논문을 쓰는 동안 좋은 말씀으로 격려해 주셨습니다. 선생님이 아니었다면 저는 결코 학위과정간의 어려움을 이겨내지 못했을 것입니다. 정말 감사드립니다.

그리고 강정희 선생님께도 감사인사를 꼭 드리고 싶습니다. 학교에 계실 적에 너무나 많은 가르침을 주셨고, 학교에 계시지 않으실 적에도 불편함을 마다 않으시고 가르침과 인간적인 사랑을 주셨습니다. 쉬셔야할 시간인 주말에도, 지치셨을 것이 분명한 그 시간인 토요일 그 긴 시간동안, 줄곧 저와 함께해주시며 논문을 꼼꼼히 지도해주신 그 시간을 잊지 않겠습니다. 강정희 선생님께 진심으로 감사드립니다.

4

　바쁘신 일정에도 제 논물을 꼼꼼히 읽어주시고 좋은 말씀을 해주신, 심사위원 이기중 선생님, 시정곤 선생님, 정경일 선생님께 진심으로 감사합니다. 이기종 선생님께서는 제 논문을 보다 더 고급스러운 용어와 논리적 오류를 고쳐주시었습니다. 부족한 제 논문을 한걸음 나아가게 해주셔서 정말 감사드립니다. 시정곤 선생님께서는 바쁘신 와중에도 장시간 전화로 제 논문의 선행연구, 연구방법, 연구대상 등 어떻게 쓰면 좋을지, 이론 배경 등등의 중요한 내용들에 대해 어떻게 하면 이해하기 쉽도록 쓸 수 있는지를 자세히 지적해주시고 제가 논문을 계속 쓸 수 있도록 이끌어 주셨습니다. 정경일 선생님께서는 제 논문을 자세히 읽어주시고 형식과 내용 측면에서 많은 말씀을 해주셨습니다. 해주신 말씀은 제 학업 및 논문에 있어 내실을 다지는데 큰 도움이 되었습니다. 덕분에 마지막까지 힘을 얻어 논문을 마무리할 수 있었습니다.

　그리고 제 공부 및 논문을 쓰는 동안 여러 모로 도와주신 여러 선생님과 학우들에게도 감사드립니다. 언제나 학문에 대해서 진지하고 열심히 할 수 있도록 격려해 주신 백승호 선생님, 신태수 선생님께서 감사의 말씀을 전해드립니다. 늘 옆에서 응원해 주신 대학원생 동기 임나, 한영 선생님, 맞춤법을 수정해주신 문예창작학과의 박은선 선생님에게 감사합니다. 또한 4년 동안 공부할 때도, 논문을 쓸 때도 저를 이끌어 주시고 가르쳐주신 조교 우태균 선생님에게도 진심으로 감사의 말씀을 전하고 싶습니다.

마지막으로 이 책이 나오기까지 많은 도움을 주신 중국 국부사범대학교 김동국 교수님께 감사를 드립니다. 또한 이 책의 출판을 허락해주신 박찬익 사장님을 비롯한 박이정출판사 직원분들께 감사를 드립니다. 저를 위해서 중국 직장도 그만 두고 같이 한국에 가 준, 묵묵히 저를 지지하고 사랑해준 우리 남편, 어린 나이에도 엄마 때문에 주변에 아는 사람도 없고 언어도 처음부터 배워야 할 우리 귀여운 딸 소양이, 그리고 저를 사랑하고 키워주신 부모님께도 감사의 말씀을 전하고 싶습니다.

지금까지 많은 분들의 도움과 사랑을 받아왔고 감사의 마음을 다시 표하고 싶습니다. 앞으로 이 감사의 마음으로 계속 노력하도록 하겠습니다.

2022년 9월
중국 청도빈해대학교에서
왕애운

목차

〈표 목차〉

〈그림 목차〉

국문 초록

본 서에서는 한국과 중국어의 날씨관련 명사류들을 대상으로 이름 붙이기 과정에서 작용된 인지 과정을 분석했고 연구 대상인 날씨 어휘가 관여하는 은유적, 관용 표현들에 작용하고 있는 인지 과정 또한 개념적 은유 이론으로 분석했다. 이와 같은 분석 작업은 지리적으로 인접국이지만 자연 환경과 문화가 서로 다른 한국과 중국인들의 자연 현상에 반응하는 인식 양상을 비교, 대조하여 그 공통점과 차이점을 밝히는 데 있다.

본 서는 모두 6장으로 이루어져 있는데 각 장의 내용을 정리하면 다음과 같다.

제1장에서는 본 서의 목적을 밝히고 선행연구를 검토한 후에 기존 연구의 문제점을 제기하며 본 서를 진행하고자 하는 원인을 밝혔다.

제2장에서는 한국어와 중국어 날씨 어휘 분석 과정에 관련된 인지 언어학 이론에서 개념적 은유에 대해서 살펴보았다. 기존의 학자들은 개념적 은유의 근원영역은 구체적이고 보고, 듣고 맛볼 수 있는 물리적인 것이고, 목표영역은 추상적이고 덜 구체적인 것으로 주장하였다. 여기에서는 근원영역은 무엇을 표현하기 위해서 이끌어내는 객관적인 세계에 존재하는 구체적인 개념영역이고 목표영역은 쉽게 설명하고 표현하려고 하는 개념영역으로 설명하였다.

제3장은 한국어 '바람, 구름, 비, 눈' 순에 따라 각각의 어휘 이름 붙이기와 어휘 관련 표현을 분석하였고 개념적 은유 이론을 통해서 각

어휘와 표현의 인지과정을 밝혔다.

제4장은 중국어 날씨 어휘 '风, 云, 雨, 雪' 순으로 각각의 어휘 이름 붙이기와 어휘 표현을 논의하였다. 어휘를 고찰할 때 개념적 은유를 적용하여 어휘 의미의 은유적 확장의 물리적, 경험적 근거를 제시하였다.

제5장은 3, 4장의 분석을 기초로 하여 대조언어학적 방법으로 날씨 어휘의 측면에서 한국어 날씨 어휘와 중국어 날씨 어휘의 의미양상을 대조 분석하였다. 그리고 대조 분석으로 드러난 결과의 원인은 다음과 같다. 공통점의 원인은 두 나라 간의 밀접한 교류와 인지의 보편성 두 가지이다. 차이점이 드러나는 원인은 자연적 영양, 사회문화적 영향과 인지적 경향의 영향 세 가지로 정리하였다.

제6장은 결론으로 위의 논의를 정리하고 본 서의 가치와 한계점을 물론 앞으로의 연구 전망까지 제시할 것이다.

제1장

서론

제1장 서론

1.1 연구 목적

 날씨 현상은 우리가 흔히 접하는 자연현상으로서 농업, 산업은 물론 인간의 삶과도 매우 밀접한 관계가 있다. 이처럼 날씨와 인간의 삶은 밀접한 관계를 맺고 있기에, 인간은 필연적으로 날씨에 대하여 특정한 인지적 개념을 구성하게 되며 이것은 언어 표현에도 그대로 나타난다.

 날씨 현상 중 '바람, 구름, 비, 눈'에 대한 표현은 한국과 중국에서 모두 흔히 사용되고 있으며, 개념도 크게 다르지 않는다. 그렇지만 실제 언어표현이나 구체적 인지양상을 살펴보면 적지 않은 차이점이 있다[1].

 이를 살피기 위해 우선 '바람, 구름, 비, 눈'의 이름 붙이기 방식을 보기로 하자.

 (1) ㄱ. 바늘구멍으로 **황소바람**이 들어온다더니(한국어 예)
   ㄴ. **寒风**像刀子一样刺在脸上。(중국어 번역)

 (1ㄱ)에서 보면 알 수 있듯이 한국어 '바람'의 이름은 동물 이름 중의 하나인 '황소' 뒤의 '바람'을 붙이는 은유적인 어휘이다. 예시에서 황소가 가지는 강인한 힘을 세찬 바람의 힘에 사상[2](写像, mapping)

---

1) 양국의 언어적인 성격은 언어 유형상 상이한 언어지만, 오랜 기간 문화적 교류를 해 온 영향으로 유사한 언어 문화적 특징을 찾을 수 있기도 하다. 이는 양국 언어표현간의 특징이라 할 수 있다.
2) 사상은 원래 수학 개념으로 두 집합 X, Y가 존재할 때, 집합 X의 각 원소 x를 집합

한 은유이다. 그러나 (1ㄴ)에서 중국어 '寒风'은 '춥다'의 '寒' 뒤에 바람 '风'으로 구성된다. 즉 은유의 인지과정을 거치지 않고 피부로 느끼는 감각으로 '바람'을 표현한다.

예 (1)에서처럼 한국어의 경우 '바람' 종류의 이름들을 보면 식물 이름 뒤에 '바람'을 붙이거나('고추바람), 동물 이름 뒤에 붙이거나 (황소바람), 무기 뒤에 붙이는(칼바람) 등의 은유적인 '바람'의 이름 붙이기 방식이 한국은 굉장히 다양한 반면에, 중국은 '寒风, 冷风' 등 감각 형용사 뒤에 '바람'을 붙이는 방식 정도만 있을 뿐 한국만큼 다양하지가 않다. 이러한 현상은 본 서대상인 '구름, 비, 눈'에도 해당이 된다. 본 서는 한·중 날씨 어휘 이름 붙이기의 방식에 나타나는 차이의 원인이 무엇일까라는 의문에서 시작한다. 그리고 원인을 양국민의 자연현상에 대한 인식의 차이로 보고자 한다. 그리하여 본 서 대상인 한·중 날씨 어휘에 관하여 어휘량 차이가 어디서 나는지를 살펴볼 필요가 있다.

다음으로 바람과 관련된 은유, 관용 표현을 살펴보기로 한다. 이에 앞서서 양국의 '바람'의 기본 표현을 살펴보기로 하자.

(2) ㄱ. **바람**이 불었다.
　　ㄴ. **바람**이 일었다.
　　ㄷ. **바람**이 세다.

Y의 하나의 원소 y로 대응시키는 관계를 말한다. 이런 대응 관계는 전통은유를 연구하는 학자들이 다루는 개념이 아니다. 현대 인지언어학의 은유를 발전하면서 언어학자들이 이 수학 개념을 은유에 끌어서 두 개념간의 대응관계를 설명하려는 표현이다. 이에 대해서 김동환(2013:145)은 개념적 은유의 근원영역을 구성하는 개념적 요소가 목표영역으로 구성요소 사이에 체계적인 개념적 대응관계가 사상이라고 주장한다.

(3) ㄱ. 刮风了。(바람이 불었다.)[3]

　　ㄴ. 起风了。(바람이 일었다.)

　　ㄷ. 风很大。(바람이 세다.)

예문(2)에서 '바람'은 '불다, 일다, 세다'와의 결합으로 '바람' 어휘의 원형적인 의미인 '기압의 변화나 공기의 움직임'을 잘 드러낸다. (3)에서의 중국어 '风'도 한국어 '바람'과 마찬가지로 원형적 예를 보여준다. 이와 같이 '바람'에 대한 기본적인 인지과정인 '자연과학적' 의미는 한·중 두 나라의 언어표현에서 모두 찾아 볼 수 있다.

그러나 한국과 중국의 '바람' 관련 은유적 표현양상에는 많은 차이점이 있다. 아래 (4), (5)번의 예를 보기로 하자.

(4) ㄱ. 한겨울 **맵짠 하늬바람**에 손발이 시려 종종걸음 치던 산모
　　　퉁이의 기억도 새롭고 가을철에 허기진 배를 채우느라...
　　　(한)

　　ㄴ. 在**寒风凛冽**，白雪皑皑的晚上，小女孩儿，依然出来卖火柴。(중)
　　　(맵짠 바람이 불고 흰 눈이 새하얗게 뒤덮인 밤에, 어린 소
　　　녀는, 여전히 나와 성냥을 팔았다.)

(4ㄱ)에서의 한국어 '하늬바람'은 겨울에 부는 바람으로 찬 '북풍'이다. '하늬바람'의 차가움을 '맵고 짜다'로 개념적 은유 방법으로 수식해 주는 것이다. '맵짜다'는 맛을 표현하는 미각 어휘이지만 여기서는 맛을 통해 자극해서 통각을 표현한다. 다시 말해서 마치 바람을 미각으로 느낄 수 있는 대상처럼 여겨 그 차가움을 표현한다. 그런데 중

---

3) ( )안의 내용은 중국어 예문의 번역이다.

국어의 경우인 (4ㄴ)에서 '寒'은 차가운 '바람'을 표현한다. 여기서 은유의 인지과정을 거치지 않고 피부로 느끼는 촉각으로 '바람'을 표현한다.

(5) ㄱ. 그녀는 옆집 남자와 **바람이 났다**.[4] (한)
    ㄴ. 我们还有啥闲情去**风花雪月**的。[5] (중)
    (우리는 남녀의 정을 생각할 마음도 없다.)

(5ㄱ)와 (5ㄴ)에서 보듯이 한국어 바람 표현과 중국어 '风'의 표현은 근원영역인 '바람'에서 목표영역인 '남녀관계'로 사상한 표현, 즉 은유이다. 즉 사람의 감정 전이는 바람이 한 곳에서 다른 곳으로 가는 것과 유사성이 있다. 그렇지만 한국어 '바람' 표현은 부부관계에 국한하여 부정한 관계를 가졌을 때에만 사용하지만, 중국어 '风'은 부정한 관계가 아닌 경우에도 남녀 간의 정에 관한 의미를 담을 수 있다는 점에서 차이가 있다.

이처럼 한국어와 중국어에서 '바람'은 본래의 기본 의미가 은유 과정을 통해서 다양하게 개념화한다. 문제는 양국 언어에서 이러한 현상이 어떤 인지적인 과정을 거치고 있으며, 이 인지적 과정에는 어떠한 차이가 있는지를 밝혀내야 하는 일이다.

이에 본 서에서는 이와 같은 한국과 중국어의 날씨 이름 붙이기 방식과 이 이름들과 관련 은유 표현들에서 발견되는 인지과정의 차이를

---

4) 한국어 용례들은 21세기 세종계획(http://www.sejong.or.kr)과 네이버 (https://www.naver.com/) 에서 추출했다.
5) 중국어 용례들은 北京大学语料库(베이징대학교 언어연구 자료)와 바이두에서 추출했다.(http://ccl.pku.edu.cn:8080/ccl_corpus/index.jsp?dir=xiandai) (http://www.baidu.com/)

인지언어학의 개념적 은유 이론(Lokoff& Johnson, 1980)을 바탕으로 먼저 두 나라의 날씨관련 명사류들을 대상으로 이름 붙이기 과정에서 작용된 인지 과정을 분석하기로 한다. 그 다음 본 서 대상인 날씨 어휘6)가 관여하는 은유적, 관용 표현들에 작용하고 있는 인지 과정 또한 개념적 은유 이론으로 분석할 것이다. 이와 같은 분석 작업은 지리적으로 인접국이지만 자연 환경과 문화가 서로 다른 한국과 중국인들의 자연 현상에 반응하는 인식 양상을 비교. 대조하여 그 공통점과 차이점을 밝히는 데 목적이 있다.

1.2 선행연구

본 절에서는 주로 날씨 어휘와 관련된 선행연구들을 검토하는 부분으로, 한국어학 분야, 중국어학 분야, 한중 대조언어학 분야 등 세 부분으로 나누어 논의한다.

1.2.1. 한국어 날씨 어휘에 관한 연구

국내에서 날씨 어휘를 대상으로 논의한 연구를 연도순으로 살펴보고자 한다.

'바람'에 관련된 연구로는 정혜령(1994), 노재민(2005) 등이 있

---

6) '날씨'의 사전적 뜻풀이로는 '그날그날의 비, 구름, 바람, 기온 따위가 나타나는 기상 상태'이며, '기상(氣象)'은 '대기 중에서 일어나는 물리적인 현상을 통틀어 이르는 말. 바람, 구름, 비, 눈, 더위, 추위 따위'를 이른다. 따라서 여기에서의 '날씨 어휘'는 자연적, 물리적 현상에 명명된(naming) 어휘, 즉 명사류를 중심으로 다루고자 한다. 물론 날씨 명사와 통합된 감각 어휘들, '춥다, 덥다, 따뜻하다 등의 동사형용사는 3,4장의 '날씨 관련 표현'에서 언급하기로 한다.

다. 정혜령(1994)은 의미장 이론을 바탕으로 '바람'의 명칭에 관여하는 총308개 낱말을 분석하였는데, '바람'의 명칭을 크게 〈진원지〉, 〈시간〉, 〈양상〉 세 가지 분절로 분석했고 이 세 가지의 분절의 하위분절도 자세히 논의하였다. 그러나 〈진원지〉와 〈시간〉에 대한 규명은 이해하기 쉽지만, 〈양상〉 중 '실바람', '왕바람', '채찍바람' 등의 관한 설명이 부족하다.

노재민(2005), '바람'의 인지적 의미에 대하여 주로 원형이론을 토대로 설명하였고 확장된 의미의 비대칭성에 대해서 다루었다. 그러나 의미의 확장 양상에 대하여 규명하지는 못했다.

'비'에 대한 논의는 김영진(1995), 조항범(2011), 임정민(2013) 등이 있다. 김영진(1995)은 비의 분절구조를 밝히고 비의 명칭을 〈시간〉, 〈양상〉, 〈인식〉 세 가지 의미 자질로 나누어 보았다. 그의 논의는 의미 자질로 비의 명칭을 분류하였지만 한국 사람이 왜 이렇게 인지할지 밝혀지지 않았다. 특히 〈양상〉와 〈인식〉 중에 관련된 비의 명칭은 '여우비', '단비', '장대비' 등은 왜 그렇게 인지할지 논의하지 않았다. 조항범(2011)은 15세기, 16세기에 등장하는 '장마'에 관련 단어의 어원을 밝히고 그들의 형태와 의미 변화, 그리고 의미 대립의 양상 등을 다룬다. 다만 본 서에서는 인지언어학 이론을 통해서 설명하지 않았다. 임정민(2013)은 '가랑비'의 명명 체계를 대상으로 '가랑비' 체계의 고문헌의 형태와 방언형태를 살펴보고 그의 의미 구성 과정을 논의하였으며 이 과정을 의미, 인지 작용, 명명기제 세 가지로 설명하였다. 필자도 임정민의 입장에 동의하여 은유기제를 비의 명칭뿐만이 아니고 연구대상을 '바람, 구름, 눈'까지도 확장하겠다.

'눈'에 관한 연구는 오명옥(1995), 임정민(2011) 등이 있다. 오명옥

(1995)은 낱말밭 이론에 기대어 눈 명칭에 대해서 〈내리는 때〉, 〈내린 상태〉, 〈내리는 양상〉 세 가지로 분절 구조의 특징을 해명하였다. 임정민(2011)은 고문헌상과 방언사에 나타나 '싸락기눈' 관련 형태를 살펴보고 '싸락기눈'의 의미 구성 과정을 사전을 통해서 의미 요소를 찾고, 현저성의 원리를 사용하여 인지작용을 인지하며, 환유와 은유 기제를 활용하여 명명한다고 소개하였다.

날씨 표현에 관한 연구는 박건숙(2005), 백승희(2009)의 연구도 있는데 그들의 논의는 주로 날씨 어휘장에 관련된 어휘의 형태 정보, 의미 정보, 호응 서술어의 정보를 구축하는 내용 등을 통사론적으로 검토해봤다.

날씨 어휘의 의미 확장에 관한 선행 연구는 없었고 그렇기 때문에 우리가 자주 쓰는 날씨 어휘가 어떤 확장 양상이 있는지 밝혀지지 않았다.

위의 분석을 통해서 알 수 있듯이 한국어 날씨 어휘에 관한 연구는 주로 각 날씨 어휘에 관한 명칭을 명명하는 것을 위주로 이루어졌다. 그런 날씨 어휘의 명명에 관한 연구들은 주로 의미자질을 통한 구분작업 중심으로 이루어졌다. '가랑비'와 '싸락기눈' 계열의 어휘 연구는 은유, 환유 기제로 밝혔지만 연구 대상의 범위가 좁았다.

1.2.2. 중국어 날씨 어휘에 관한 연구

이 논문에서 다루게 될 날씨 어휘에 대한 기존 연구를 정리하면 다음과 같다.

중국어 '风'에 관한 연구는 趙海亮(2008), 宋利萍(2013), 于海洋

(2014) 등이 있다. 趙海亮(2008) '风'의 의미군을 나열하고 문법구조, 의미 범주, 의미 분석 등 차원에서 자세히 논의하였다. 그리고 은유 기제를 토대로 '风' 어군의 성어, 관용표현을 체계적으로 다루었다. 宋利萍(2013)은 '拉风'이 신어를 매력, 개성, 품위, 패션, 특별한 것과 품질 일곱 개로 개념화하였다. 그러나 개념화 과정에 대해서 다루지 않아서 부족한 점이다. 于海洋(2014)은 의 바름, 글자 모양, 의미 세 영역을 통시적으로 고찰하고, 성어, 숙어, 관용구와 헐후어 등의 구조를 밝히며, 자연, 사회, 심미(審美), 의학 네 영역으로 의미 범주화를 하였다. 마지막에 은유 기제를 통해서 '风'의 사상과정을 다루었다.

중국어와 영어의 '바람' 어휘와의 비교 연구는 다음과 같다. 李聳 (2006)은 중국과 영국 사람들의 바람에 관한 어휘를 통하여 인지의 공통점과 차이점을 연구했다. 공통점은 바람을 '근거 없는 것, 파괴성, 추세, 원동력, 소리 다섯 가지로 보고 있는 점이다. 차이점은 바람의 방향, 몸의 차이, 사람의 특징 등으로 보고 있는 점이다. 常晨(2015)은 중국어 '风'과 영어 'wind'의 확장을 외관형태, 동태속성, 추상사고 세 가지로 분석했다. 다만 이런 은유적인 유사성과 차이성의 원인에 대해 문화적인 요소로 다루지 않고 있다.

중국어 '雨'에 관련된 연구는 韩蕾(2009), 张荣·张福荣(2010), 张荣 (2011)등이 있다. 韩蕾(2009)은 형태, 모양, 과정, 결과 네 영역으로 '雨'를 개념화하였지만, '雨'의 개념화 과정을 논의하지 않았다. 张荣·张福荣(2010)은 중국어 '雨'와 영어 'rain'의 은유표현을 제시하였다. 두 언어의 공통된 은유 사상은 밀집성, 기쁨, 걱정과 파괴성이고 차이점은 두 언어가 감정 표현, 사람에 관한 은유 두 방면이 다르다고 하였다. 张荣(2011)은 '云雨'、'风雨'、'雨露' 세 개 어휘를 영어로 번역할 때 은유 기제 때문에 문맥에 따라 주의해야 된다고 한다.

앞에서 언급한 연구 외에도 叶舒宪(1997)은 '风、云、雨、露' 현상을 자세히 분석하고 중국의 신화 풍습 등 자료를 분석하여 이 네 개 어휘의 은유적인 의미의 원인을 밝히고 있어 논의의 길을 열어주고 있다.

중국어 날씨 어휘에 관한 연구는 연구대상을 단일화하고 각 연구대상을 은유의 근원영역으로 삼은 표현에 집중되었다. 이를 극복하기 위해 본 서자는 연구대상의 폭을 넓히고, 날씨 어휘가 은유의 구성요소 중 근원영역인 표현과 목표영역인 표현으로 나누어 다루겠다.

1.2.3. 한중 날씨 어휘 대조 연구

국내에서 한국어 날씨 어휘와 중국어 날씨 어휘의 대조언어학적 본격적인 논의는 많지 않으며 한국에 유학 온 중국 유학생들이나 중국어를 가르치는 강사를 중심으로 진행되었다. 그리고 그 논의들은 대부분 앞에서 언급한 바와 같이 날씨 속담과 바람의 관한 연구들이다. 여기에서는 그 연구들을 발표연도 순으로 제시한다.

왕청동(2003)은 한국어 '바람'과 중국어 '风'의 형태와 의미의 확장을 연구하여 단일어와 복합어의 의미를 대조했다. 본 서는 한국어 '바람'과 중국어 '风'의 어휘 사전의미를 분석하여 그 뒤에는 단일어와 복합어 두 가지로 구분하여 두 나라 어휘의 기본의미와 확장의미를 자세하게 분석하고 비교했다. 본 서는 어휘 예문을 많이 나열하면서 어휘 의미의 확장을 단어구성 면으로 살핀 통사론적 분석이다. 본 서에서는 사전의미를 분석할 때 은유, 환유 기제를 통해 분석하고 있으나 의미론적인 분석에 머무르고 있고, 각 의미의 차이가 나타나는 원인도 규명하지 않아 아쉬움을 남기고 있다. 필자는 본 서에서 실마리를 얻어 분석을 더 보완하고 연구 대상을 '바람'뿐만이 아니고 '구름, 비, 눈'까지 확대하고자 한다.

김혜원(2005)은 '바람 風'을 소재로 하는 관용표현에 대해 한·중 대조연구를 했다. 본 서는 원형의미 도식을 가지고 한·중 '바람'의 관용표현은 '정황, 고난, 기세, 바람은 빠른 것'의 네 가지의 공통점을 연구 밝히고 있다. 중국어 '風'이 '말, 훈화, 마음' 세 가지는 한국어 '바람 관용표현에서 볼 수 없는 것이고, '유행, 마음의 동요' 두 가지 의미는 한국어 '바람' 관용표현만 가지고 있는 비유의미로 설명하고 있다. 중국어 '바람' 관용표현과 차이점을 보이는 점을 체계적으로 분석하고 있다. 그러나 연구자가 한국인이어서 중국어 예시는 부족한 점이 있는 데다가 한·중 대조할 때 은유의 과정을 규명하지 않았고 원인도 밝히지 않았다.

임미(2012)는 한·중 기상 속담 중 바람, 눈, 비, 구름 등 자연현상관련 기상 속담, 포유류, 조류, 어류, 파충류, 양서류 등 동물 관련 기상 속담으로 크게 두 가지로 구분하여 분석했다. 본 서는 구체적으로 각 관련 항목의 한국어 날씨 속담과 중국어 날씨 속담을 많이 제시하였다. 그러나 이 논문의 아쉬운 점은 예문은 많으나 그냥 나열하는 수준에 머물러 있어 분석이 부족한 점과 두 나라의 날씨 속담이 어떤 차이점과 공통점이 있는지 언급하지 않은 점이 있다.

박애양(2016)은 한·중 날씨 관련 속담에 나타난 특징을 비교하여 연구했다. 본 서는 비, 눈, 바람, 맑음, 기온, 동물, 사람, 식물, 기타 자연 현상 여덟 방면의 날씨 속담을 분석하여 언어표현의 형태와 의미구조에 따라 한국과 중국에서 날씨 속담을 동형동의(同型同義), 이형동의(異形同義), 동형이의(同型異義), 이형이의(異形異義)의 4가지의 유형으로 구분하였다. 그리고 한·중 날씨 속담의 같은 특징은 기후와 절기에 관한 정보를 지니고 있다고 주장하며 표현상으로는 소박한 형태를 통해 생활의 체험을 단적으로 요약하는 특징과 유머, 해학 비유 등 수사법으로 강조하는 공통된 특징이 있다고 하였다. 그리고 유사한 주제를 가지고 두 나라에서 다르게 표현하는 점에서 차이점을 보인다는 결론을 내렸다. 다만 두 나라의 날씨 속담에 대한 위와 같은 공통점과 차이점을 밝혔지만 왜 이런 현상이 나타났는지 원인에 대한 설명이 부족했다.

앞에서 살펴본 것으로 알 수 있듯이 한중 날씨 어휘를 대조연구한 선행연구들은 그 연구대상이 주로 어휘 '바람'이나 날씨에 관한 관용구와 속담이다. 연구 방법으로는 주로 '바람'에 관한 연구는 은유, 환유 기제를 통해서 분석되 사전의미를 기준으로 진행한다. 연구 대상은 주로 바람의 은유 중의 근원영역으로 삼은 표현에 대해 다루고 있다.

본 서는 연구대상을 보다 확대하여 날씨 어휘의 종류와 어휘 관련 표현들의 은유표현을 다루겠다.

지금까지 한·중 두 나라에서 이루어진 날씨 어휘에 대한 대조 연구를 살펴보았다. 그 결과 다음과 같은 문제점을 발견하였다.

한국과 중국의 날씨 어휘에 대한 대조언어학적인 연구는 많지 않았으며, 있어도 주로 날씨 속담과 바람 속담에 관한 연구들에 한정되어 있었다. 물론 그런 연구 중에 한중 날씨 속담과 관용표현이나 '바람'의 의미 대조에 관한 인지적인 연구가 몇 편 있었다. 이러한 연구들의 결론은 은유에 의한 결과라는 결과 중심의 연구로 단순히 양국 언어를 비교하는 데 그쳐 그렇게 되는 원리와 과정에 대한 논의가 부족했다.

또한 연구과정에 있어서도 관련 자료가 부족한 경우가 많았으며, 연구 대상도 다양한 날씨 어휘 중 '바람'에만 국한 시켜 날씨 어휘에 대한 전반적 검토와 세밀한 대조 연구의 결과를 도출하지 못한 측면이 있다. 이러한 점에 주목하여 필자는 앞선 연구자들이 간과한 부분을 보충함은 물론, 인지언어학 이론을 엄격히 적용해 대조연구의 기틀을 유지하고자 한다.

논의를 위해 기존연구의 문제점을 정리하면 아래와 같다.

첫째, 연구대상의 면에서 보면 한국의 연구는 주로 '바람, 비, 눈' 명칭에 관한 연구가 많고, 중국은 주로 '风, 雨'의 관한 연구가 있지만 각자를 따로 구분해서 논의한 연구로 통합적 연구가 부족했다. 한중 대조 연구는 주로 '바람'의 다의성과 '날씨'의 관용표현, 속담 등이다. 한중 날씨 어휘의 관한 대조 연구가 왕청동(2003), 한중 {바람}과 {風}의 대조연구 한 편밖에 없다. 이 역시 날씨 어휘에 관련 된 통합적으로 이루어진 한·중 대조 연구가 부족하다.

둘째, 설명방법에서 보면 기존의 한국에서 날씨 어휘의 관한 연구는 주로 형태론 이론에 기대어 설명하는데 주목하고 있으며, 날씨 명사의 명명법에 대한 연구가 주를 이루었다. 인지언어학 이론을 통한 날씨 어휘에 관한 연구는 아직 진행되지 못한 것을 알 수 있다. 중국에서의 연구는 '风, 雨'에 대한 언어표현에서의 은유 이론을 통해서 살피고는 있지만 인지과정을 밝히는 단계에는 이르지 못하고 어휘장을 명시화하여 제시하고자 한 단계에 머무르고 있는 것이 아쉽다.

셋째, 연구 수량의 면에서 보면 지금까지 한국과 중국 양국 모두 날씨 어휘에 관한 연구가 활발히 이루어지지 못했고, 특히 두 나라 언어의 대조 연구는 특히 부족하다.

이제까지 선행연구 검토에서 드러난 문제점은 연구 대상이 단일하거나, 설명 방법이 세밀하거나 탄탄하지 못하였다는 것이다. 이런 문제점을 극복하기 위해서 본 서에서는 한국어 '바람, 구름, 비, 눈'과 중국어 '风, 云, 雨, 雪'로 연구대상을 확대하고, 이와 관련된 어휘와 표현을 인지언어학 이론을 바탕으로 철저히 분석하고자 한다.

1.3 연구대상 및 연구방법

1.3.1. 연구대상

한국과 중국은 지리적 위치가 가깝고, 기후, 환경이 유사하다. 특히 연구자가 거주하고 있는 청도(青岛)는 광범위하게 볼 때 한국과 거의 유사한 지역이라고 할 수 있다. 본 서자가 한국어를 학습하면서 느낀 점은 한국어 날씨 표현이 중국어보다 매우 다양하다는 것이다. 또한 날씨 현상은 인간 생활과 매우 밀접하기 때문에 본 서에서는 한중 날씨 어휘를 연구대상으로 삼고자 하다.

날씨 관련 어휘는 매우 다양하다. 이 가운데 본 서에서는 사용 빈도 수가 매우 높은[7] 한국어 '바람, 구름, 비, 눈'과 중국어 해당하는 '风, 云, 雨, 雪'으로 연구대상 어휘로 삼는다. 물론 한국어에는 고유어 '바람, 구름, 비, 눈' 이외에도 동의 한자어 '풍(風), 운(雲), 우(雨), 설(雪)'도 존재한다. 그렇지만 날씨 어휘 관련 고유어와 한자어의 의미 영역이 비슷하지만, 실제 사용에서는 배타적일 가능성이 높을 것이다.

---

[7] '21세기세종계획'에서 구축된 '200만 어절규모의 형태소 분석 말뭉치' 에 의하면 '바람'은 4209회, 비는 2487회, 눈은 1539회, 구름은 988회를 나타난다.

이런 이유로 한국어의 한자어 '풍(風), 운(雲), 우(雨), 설(雪)'은 논의 진행상 다음 기회로 미루고, 본 서에서는 고유어 명사인 '바람, 구름, 비, 눈' 어휘에 한해 논의하기로 한다. 물론 중국어에 경우에는 이런 고유어와 한자어가 두루 쓰이는 상황이 존재하지 않으므로 '바람, 구름, 비, 눈'에 해당하는 '风, 云, 雨, 雪'을 선정해 대조연구 하고자 한다.

본 서를 진행하기 위한 언어자료는 한국어의 경우, 21세기 세종 계획 결과물의 말뭉치 자료, 『표준국어대사전』, 『고려대 한국어대사전』, 『한국어대사전』, '네이버 사이버'에서 날씨 어휘에 나타난 해석과 용례에서 발췌했다. 그리고 중국어의 경우, CCL 말뭉치 자료와 『신화자전』, 『한어대사전』, '바이두 사이버'를 이용하였다. 자료를 뽑는 차례는 다음과 같이 거쳐 진행하도록 한다.

1단계: 21세기 세종 계획 말뭉치와 중국 베이징대학교 언어 연구 자료에서 한국어 '바람, 구름, 비, 눈'과 중국어 '风, 云, 雨, 雪'에 관한 자료를 뽑았다.

한국어 날씨 어휘[8]	회수	중국어 날씨 어휘	회수
바람	4209	风	266935
구름	988	云	112650
비	2487	雨	67198
눈	1539	雪	62942

2단계: 사전의 의미를 따라서 1차 자료에서 한국어 '바람, 비, 눈, 구름,'과 중국어 '风, 雨, 雪, 云'과 관련된 은유적 자료를 뽑았다.

---

8) 서리, 115회; 번개 218희, 안개, 746희.

한국어 날씨 어휘	회수	중국어 날씨 어휘	회수
바람	182	风	24733
구름	156	云	15866
비	117	雨	4279
눈	62	雪	3410

3단계: 2차에서 수집한 자료 중 중복된 예에서 뽑되, 길이가 길지도 않고 짧지도 않고, 기본 문장 성분을 구비되는 예를 다시 정리하여 본 서의 자료로 선정하였다.

한국어 날씨 어휘	회수	중국어 날씨 어휘	회수
바람	51	风	41
구름	59	云	59
비	28	雨	35
눈	25	雪	27

1.3.2. 연구방법

연구방법은 다음과 같다. 우리가 사용하는 언어의 구조는 어떤 식으로든지 경험의 구조를 반영한다(임지룡, 2015:27). 인지언어학은 우리의 일상적 경험에 바탕을 두고 언어 현실의 용법을 중시함으로써 높은 설명력을 가지고 있다. 이에 본 서는 인지언어학적 연구 방법을 채택한다. 특히 인지언어학 이론[9] 가운데 개념적 은유는 이해하기 어렵고 설명하기 곤란한 추상적인 개념, 마음, 선거, 토론 등을 간결하고 생생하게 표현할 수 있다는 점에 본 서의 이론 적용 개연성을 높여

---

9) 인지언어학 이론은 원형 이론, 영상도식 이론, 개념적 은유이론, 개념적 환유이론, 정신공간이론, 주관화 이론, 도상성 이론, 문법화 이론, 그리고 개념적 혼성 이론 등이 있다.

준다. 아울러 개념적 은유는 추론과 다의적 확장의 도구로 사용한다[10]. 본 서에서는 한·중 날씨 이름 붙이기 방식과 이 이름들과 관련 은유 표현들에서 나타나는 인지과정의 차이를 개념적 은유 이론 (Lokoff & Johnson, 1980)을 바탕으로 먼저 두 나라의 날씨관련 명사류들을 대상으로 이름 붙이기 과정에서 작용된 인지 과정을 분석하기로 한다. 그 다음 본 서 대상인 날씨 어휘가 관여하는 은유적 표현들에 작용하고 있는 인지 과정 또한 개념적 은유 이론으로 분석할 것이다.

본 서는 모두 6장으로 구성된다. 1장은 서론, 연구의 목적과 선행 연구 그리고 연구의 대상과 방법이다. 2장부터 6장까지는 다음과 같이 구성된다.

2장은 연구에 관한 이론적 배경을 제시한다. 개념적 은유 이론을 중심으로 연구에 대한 인지언어학적 접근법의 적용 가능성을 논의할 것이다.

3장은 한국어 '바람, 구름, 비, 눈' 순에 따라 각각의 어휘 이름 붙이기와 어휘 관련 표현을 분석할 것이다. 개념적 은유 이론을 통해서 각 어휘와 표현의 인지과정을 밝히겠다.

4장은 중국어 날씨 어휘 '风, 云, 雨, 雪' 순으로 각각의 어휘 이름 붙이기와 어휘 표현을 논의하겠다. 어휘를 고찰할 때 개념적 은유를 적용하여 어휘 의미의 은유적 확장의 물리적, 경험적 근거를 제시하겠다.

5장은 3, 4장의 분석을 기초로 하여 대조언어학적 방법으로 날씨 어휘의 측면에서 한국어 날씨 어휘와 중국어 날씨 어휘의 의미양상을 대

---

10) 이 부분의 구체적인 논의는 2장에서 자세히 다루겠다.

조 분석할 것이다. 그리고 대조 분석으로 드러난 결과의 원인을 밝히고자 한다.

　6장은 결론으로 위의 논의를 정리하고 본 서의 가치와 한계점을 물론 앞으로의 연구 전망까지 제시할 것이다.

제2장

어휘의미 확장의 인지언
어학적 원리

제2장 어휘의미 확장의 인지언어학적 원리

인지언어학(Cognitive Linguistics)은 인간의 언어, 마음, 사회적·물리적 경험 간의 관계를 탐구하는 데 관심을 가지고 언어를 연구하고 (김동환 2013:27) 인간 마음의 본질, 더 나아가서 인간의 본질을 규명하기 위한 학제적 연구의 일환으로서 '언어, 몸과 마음, 문화'의 상관성을 밝히려는 언어 이론이다(임지룡, 2008:3). 인지언어학의 학자들은 언어연구에 있어서 언어의 구조와 문장생성의 문제만 따지는 것이 아니고 언어 표현과 인간 마음의 본질, 인지 능력[11]에 초점을 두고 언어 분석을 통한 개념적·체험적 기초를 밝히는데 주력한다. 그래서 우리가 사용하는 언어의 구조는 어떤 식으로든지 경험의 구조를 반영한다(임지룡, 2015:27). 인지언어학은 우리의 일상적 경험에 바탕을 두고 언어 현실의 용법을 중시함으로써 높은 설명력을 가지고 있다. 이런 인지언어학은 원형 이론, 영상도식 이론, 개념적 은유이론, 개념적 환유이론, 주관화 이론, 도상성 이론, 문법화 이론 등 많은 연구 방법이 있다.

인지언어학에서 여러 원리 가운데 우리 머릿속에 의미 확장이 되는 현상에 개념적 은유가 적용될 수 있다. 인지언어학에서의 개념적 은유는 하나의 구체적인 대상을 바탕으로 한 개념영역이 다른 개념 영역으로 범주를 개념화[12]하는 인지적 기제이다. Lokoff & Johnson(1980)

---

11) '인지'는 라틴어에서 유래된 용어이고 서구 문명에서 인간의 인지에 관한 관심은 고대 그리스로 거슬러 올라갈 수 있다(이용애 역, 1987:9). 아른하임(R · Arnheim)은 '인지'란 정보의 수용, 저장 및 처리에 관여하는 모든 정신적 조작, 즉 감각 · 지각 · 기억 · 사고 · 학습 등을 뜻한다(김정오 역 1982:31).

12) 존R · 테일러(1995)(조명원 · 나익주 옮김)(1997: vi)에서 범주화란 사물들과 사건들을 비슷하다고 판단되는 것들끼리 한데 묶는 활동이다.

은 개념적 은유는 우리 일상생활에서 인식하지 못하지만 우리 언어에서 매우 자연스럽게 사용하는 현상이다. 이런 현상은 이해하기 어렵고 설명하기 곤란한 대상인 '마음, 선거, 토론' 등 개념을 간결하고 생생하게 표현할 수 있다. 아울러 개념적 은유는 추론과 다의적 확장의 도구로 사용한다. 인간은 사물에 대해서 일일이 다 이름을 지어주면 엄청난 양의 어휘가 나타나고 사람이 기억하기도 어렵겠다. 이때 은유를 통해서 한 어휘의 기본 의미의 유사성에 의거하여 확장해 나가면 기억하기도 쉬워진다. 그리고 한 추상적인 개념을 설명하려면, 길고 복잡한 문장이 표현할 수 있지만 은유를 통해서 확장하면 더 짧고 간결하다.

(6) 이웃집 남자와 **바람이 난**다.

(6)에서 '바람이 나다'는 외도하는 뜻이다. 사회적인 윤리로 보면 부부사이의 서로 충실하고 사랑해야 마땅하나 아내가 남편과의 신뢰를 저버리고 다른 남자와 관계를 가진 경우이다. (6)에서 '나다'는 방향성이 바깥을 향하는 행위이다. 내용물은 '그릇'안에 있는 것이 정상적이다. '바람' 도식으로 보자면 공기가 나지 않고 머물러 있는 상황이 정상적인 상황이다. 이 공기가 어떤 알지 못하는 요인에 의해서 밖으로 나간다. 예시에서 아내의 감정과 육체가 '집안'이라는 '그릇'에서 나가서 '이웃집 남자'에 나간 것이다. 여기서 한국어 '바람' 표현은 바깥으로 이동하는 것을 '아내'의 감정으로 사상한 표현이다.

은유의 문제는 아리스토텔레스 이래로 2천년 동안 문학과 수사학의 주요 관심사였는데, 비교설·대치설·상호작용설을 통틀어 은유의 '전통적 이론'이라고 한다(임지룡 2008:166). 이런 전통적 이론은 바로 우리 자주 말하는 문학적 은유이다. 이런 문학적 은유는 시적 상상력과 문학적 수사적 장치로 인식됐다. 그러나 Lokoff & Johnson(1980:21-24)에 따르면 은유는 우리 일상 언어에서 단지 언어뿐만 아니라 인간의 사고와 행위에 넓게 퍼져 있고 우리는 인간의 사고 과정의 대부분이 은유적이라는 것을 주장하다. 즉 은유는 우리 일상생활에서 경험하는 대상과 행위를 개념체계의 근거가 되고 머릿속에 인지과정을 통해서 개념화되는 것이다. Lokoff(1980:21-24)에서 이 두 관점에 관한 내용을 임지룡(2015:167)은 다음 〈표 1〉과 같이 정리하여 구체적으로 대비 연구를 했다.

문학적 은유	개념적 은유
은유는 단어의 속성, 즉 언어적 현상이다.	은유는 단어의 속성이 아니라, 개념의 속성이다.
은유는 미적, 수사적 목적을 달성하기 위해 사용된다.	은유의 기능은 예술적, 미적 목적뿐만 아니라 어떤 개념을 더 잘 이해하기 위한 것이다.
은유는 비교되고 동일시되는 두 실체사이의 닮음에 기초한다.	은유는 종종 유사성에 기초하지 않는다.
은유는 단어의 의식적이고 고의적인사용이며, 따라서 특별한 능력을 지녀야 잘 사용할 수 있다.	은유는 보통 사람들도 일상생활에서 별다른 노력 없이 사용할 수 있다.
은유는 없이도 살 수 있는 비유적 표현이다.	은유는 인간의 사고와 추론에 불가피한 과정이다.

〈표 1〉 '수사학적 은유 이론'과 '개념적 은유 이론'의 대비

위의 〈표 1〉을 보면 알 수 있듯이 문학적 은유는 어휘의 특성 즉 어휘 층위의 현상이고, 문학적·수사적 수단으로 목표를 달성하기 위해서

사용된다. 이런 은유는 두 실체의 유사성을 기초로 하여 의미론시각으로 설명하는 것을 위주로 한다. 그리고 은유는 문장을 더 화려하게 만들기 위해서 단어를 고의적으로 사용하며 시인, 작가, 웅변가 등 사람만 사용할 수 있다고 주장한다. 이런 은유는 우리 일상 상황에서 없어도 되는 표현이다. 그러나 개념적 은유는 언어뿐만 아니라 사람들이 일상생활에서 사고와 추론을 통해서 개념화하는 과정이다. 이런 과정은 꼭 두 개념 간에 유사성을 빗대는 것이 아니다. 그리고 이런 은유는 인간 언어생활에서 꼭 필요하고 누구나 다 사용할 수 있는 표현이다. 즉 언어학자들은 개념적 은유는 수사학적 관점보다 더 보편적이고 인간 생활에서 없으면 안 되는 기제다.

아래의 예를 보도록 하자.

(7) ㄱ. **내 마음은 호수다**.
　　ㄴ. 나는 **사가기 올랐다.** / 나는 **우울증에 빠져들었다**.[13]

(7ㄱ)번의 예문을 문장 문학적 관점의 은유로 분석하겠다. 문학가들이 [A는 B이다.]라는 명제를 내릴 때 A와 B사이에 서로 유사성(상관성)이 있어야 한다. A '내 마음은' 원관념이고 B '호수'는 보조관념이다. 즉 보조관념이 가지는 잔잔한 실제 존재물이 바로 개관적 호수이다. '내 마음'이 잔잔한 상태를 표현하고자 객관적으로 유사성이 있는 '호수'의 이 잔잔한 상태를 빗대어 추상적인 내 세계를 표현한다. (7ㄴ)번은 방향적 은유[14]이다. 여기서 긍정적인 표현은 위로 이동하는

---

13) Lakoff &Johnson(1980:35) 재인용.
14) 개념적 은유의 유형은 학자마다 자기 나름대로의 결과가 있지만 인지적 기능에 따라서 대부분 학자는 개념적 은유를 존재론적 은유, 구조적 은유, 방향적 은유 세

공간적 동사 '오르다'로 표현하고, 부정적인 표현은 아래로 이동하는 공간적 동사 '빠져들다'로 표현한다. 즉 (7ㄴ)은 '사기는 위이다. 우울증은 아래이다'라는 방향적 은유표현이다. 예시에서 '사기'와 '우울증'은 추상적인 개념인데 '위와 아래'와 아무 유사성을 갖지 않는다.

2.1 은유의 근원영역과 목표영역

우리 머릿속에 인식하는 영역이 여러 가지가 있는데 Lakoff &Johnson(1980)은 개념적 은유를 한 영역, 즉 '근원영역'에서부터 다른 영역, 즉 '목표영역'으로의 체계적인 '사상(mapping)' 이라고 주장한다. 여기서 근원영역은 경험한 한 종류의 사물이고 목표영역은 다른 종류의 추상적인 사물의 관점에서 이해하고 경험하는 것이라고 주장한다(Lakoff &Johnson, 1980:23). 임지룡(1997:174)에 의하면 근원영역은 일상 경험에서 나온 구체적, 물리적이며, 명확하고 구조화된

가지로 나눈다(Lokoff&Johnson, 1980: 29-58, 임지룡 1997: 177-188, Köve cses, 2002: 32-36, 김동환, 2013:163-167 참조).

구조적 은유(structural metaphor)는 근원영역이 목표영역에 대하여 상대적으로 풍부한 지식 구조를 제공함으로써 추상적인 목표영역이 근원영역의 수준으로 구조화되는 것을 말한다. 이러한 인지적 기능은 근원영역의 구성 요소와 목표영역의 구성 요소 간의 개념적 대응구조에 의해 이루어진다(임지룡 2008:170).

존재론적 은유(ontological metaphor)는 추상적인 사건, 활동, 정서, 생각 등을 구체적인 개체 또는 물질로 개념화하는 방식이다(노양진·나익주 역 1995:49 참조). 존재론적 은유는 목표영역이 덜 구조화됨으로써 단순히 목표영역에 존재론적 위상을 제공할 뿐이다. 즉 목표영역에 대하여 일반적인 층위에서 사물, 실체, 그릇으로 그 지위를 할당하는 것이다(임지룡 2008: 172).

방향적 은유(orientational metaphor)는 물리적 공간성 방향과 관련하여 하나의 전체적 개념 구조를 이루는 것을 말한 은유이다. 이 은유는 대부분 위-아래, 앞-뒤, 접촉-분리, 중심-주변 및 가깝다-멀다 등과 같은 공간 지향성의 관점에서 개념을 이해하는 데 매우 풍부한 근거를 제공한다(노양진·나익주 역 1995:49 참조).

경험이다. 목표영역은 표현하려는 추상적, 비물리적이며, 불명확하고 구조화되지 않은 경험으로 정의된다. 그리고 Kö vecses(2002:39)에서는 근원영역을 한 개념영역을 이해하기 위해서 은유적 표현을 끌어들이는 개념영역으로 정의한다. 이런 개념영역은 우리 일상 경험에서 쉽게 체험할 수 있는 보고 들어볼 수 있는 구체적, 물리적인 경험이다. 목표영역은 은유에서 이해되는 개념영역이며, 우리가 표현하려는 근원영역보다 덜 구체적이고 상대적으로 추상적이고 비물리적인 경험이다.

앞에서 논의한 바와 같이 임지룡과 Kö vecses는 은유의 두 영역에 관한 논의가 Lokoff의 견해에서 벗어나지 못했다. 주로 근원영역은 구체적이고 보고, 듣고 맛볼 수 있는 물리적인 것이다. 목표영역은 추상적이고 덜 구체적인 것으로 규명한 주장이다. 이런 근원영역과 목표영역에 관한 해석은 구체적과 추상적의 구별 기준이 없고 해서, 어느 정도면 근원영역이 될 수 있고 어느 정도는 목표영역이 될 수 있는 지 불명확해서 독자를 많이 헷갈리게 한다. 앞의 주장을 기준으로 하면 본 서에서 논의할 '바람, 구름, 비, 눈'은 근원영역으로 보는 것이 문제 없지만, 이 네 가지는 우리 보고, 듣고 만질 수 있는 구체적인 사물이라서 목표영역으로 이해하기 어려울 것이다.

따라서 본 서에서 이런 어려움을 해결하고 날씨 어휘에 관련 은유적 논의를 진행하기 위해서 근원영역과 목표영역에 대해서 다시 정의를 내리고자 한다. 한자 근원(根源)은 원래 물줄기가 시작하는 곳을 가리키는데 여기서 인간 머릿속에서 기존하는 경험한 구체적 익숙한 실제물이다. 목표(目標)는 머릿속에 표현하려고 하는 대상이다. 그래서 근원영역은 무엇을 표현하기 위해서 이끌어내는 개관적인 세계에 존재하는 구체적인 개념영역이다. 목표영역은 우리가 쉽게 설명하고 표현하려고 하는 개념영역이다. 예문을 통해 살펴보자.

(8) ㄱ. 그 강아지 눈은 정말 **새까매**.
    ㄴ. 그 강아지가 **새까만 콩 같은 눈**이 있다.

(8ㄱ)번은 은유 표현이 아니고 예시 안에 '새까매'에 대해서 청자가 어떻게 새까매? 얼마만큼 새까마냐고 재차 질문할 것이다. 청자에게 더 이해 쉽게 표현하려면 화자가 머릿속에 이미 존재하는 구체적인 경험을 찾아야한다. (8ㄴ)의 경우에는 화자와 청자가 같이 지니는 선(先)체험(이전에 경험)에서 새까만 콩을 머릿속에 떠올린다. 여기서 콩은 화자가 강아지의 눈을 설명하기 위해서 집어넣는 근원영역이다. 강아지의 눈은 화자가 설명하고 표현하려는 목표영역이 된다. 이 두 영역이 인간 머릿속에서 기존한 경험과 작용으로 근원영역인 콩의 색깔과 크기는 목표영역인 강아지의 눈의 색과 크기에 사상하여 (8ㄴ)와 같은 개념적 은유를 형성된다.

이렇게 근원영역과 목표영역의 정의를 내리면 임지룡 등 학자의 의견과 다르게 목표영역은 추상적인 것뿐만이 아니고 구체적인 영역도 포함할 수 있다. 이 차이점은 다음에 날씨 어휘에 관련된 은유를 보자.

(9) ㄱ. **바람**은 주변 **환경을 씻어준**다.
    ㄴ. 칠월의 첫날 **가루비**가 내리다.
    ㄷ. 소리 없는 **눈들의 춤**은 환상의 세계로 손짓한다.

(9ㄱ)에서 '씻어주다'는 물의 특성이고, [바람은 물이다]라는 은유표현이다. (9ㄴ)는 [비는 가루다]라는 은유이고, (9ㄷ)에서 춤을 추는 것이 사람의 행동이고 [눈은 사람이다]라고 할 수 있는 은유 표현이다. (9)번의 표현해 주는 근원영역은 '물, 가루, 사람'이고 표현하려는 목표영역은 '바람, 비, 눈'이다. 여기서 근원영역은 이전 학자의 주장과 똑같이 구체적이고 물리적인 것이지만 목표영역인 '바람, 비, 눈'도 우리 보고 듣고 느낄 수 있는 것이다. 그래서 본 서에서 근원영역이 이전 학자의 주장과 같지만 목표영역에 비해서 일상생활에서 더 많이 체험할 수 있고 접근이 쉬운 것이다. 이로써 목표영역은 추상적이고 비물리적인 것뿐만이 아니고 구체적인 내용도 포함한다는 것이다. 이와 같은 기준 때문에 한 목표영역이 또 다시 다른 은유에서 근원영역으로 될 수 있는 것이다.

(10) ㄱ. 아침부터 시작하여 온종일 내린 **이슬비**에 대지가 촉촉하게
      젖었다.
   ㄴ. 기온이 뚝 떨어지더니 오후가 되자 **싸라기눈**이 날리기 시작
      했다.
   ㄷ. 그의 얼굴에 **땀이 비 오듯** 쏟아진다.
   ㄹ. 내리는 **눈은 산을 따뜻하게 가려 주**고 있었다.

(10)번에서 보듯이 (10ㄱ, ㄴ)에서 근원영역은 '이슬과 싸라기'이고 화자가 표현하고자 하는 대상은 목표영역 '비와 눈'이다. 그러나 (10ㄷ, ㄹ)에서 근원영역은 '비와 눈'이고 목표영역은 '땀과 이불'이다. 예에서 보여주는 것과 같이 '비와 눈'은 목표영역도 될 수 있고 근원영역으로 될 수도 있는 것이다.

이와 같이 근원영역의 요소들에서 목표영역으로 사상한 과정의 특징을 다음과 같이 살펴보도록 하자.

2.2. 개념적 은유의 사상 특징

Lokoff(1980:154)는 개념적 은유 과정에서 두 개념영역 A와 B 사이에 머릿속의 기존한 경험을 근거하여 목표영역 A는 근원영역 B 의 부분 요소로부터 사상을 받는다. 두 영역의 관계는 공식 [A는 B이다]로 특성화된다. 두 영역간의 사상은 다음 세 가지 특징[15]을 갖는다.

첫째 개념영역 간의 사상이 '단일방향'이라는 점이다. 즉 이 사상은 근원영역 B로부터 목표영역 A로 이루어진 사상이고, 역으로는 성립되지 않는다. 예를 들어, (11)번의 [사랑은 여행이다]라는 개념적 은유 중에 '사랑'은 목표영역이고 '여행'은 '근원영역'이다. 사랑에 관한 표현은 아래 예로 보도록 한다.

(11) ㄱ. 우리는 더 이상 **진전될** 것 같지 않다.

ㄴ. 그것은 **험난한 길**이었다.

ㄷ. 우리는 **기로**에서 있다.[16]

(11)번은 사랑의 관한 표현이고 고딕체로 표시된 부분은 원래 여행할 때의 관한 표현이다. 이런 예를 통해 '사랑'과 '여행'의 사상 방향을 확인할 수 있다. 목표영역인 '사랑'은 '진전될', '험난한 길', '기로'와 같은 '여행'이라는 영역을 통해 개념화된다. 그런 표현 중에 '여행'이

---

15) 임지룡(2015:178 참조)

16) 김동환(2013:145 재인용)

우리가 직접 체험할 수 있는 구체적인 영역이라서 추상적인 '사랑'으로 개념화할 필요가 없다. 이점은 '단일방향성'을 설명할 수 있다.

둘째 개념영역 간의 사상이 부분적이라는 점이다. 개념적 은유에서 근원영역의 요소와 목표영역의 요소가 일일이 대응하는 것이 아니고 부분적으로 대응된다는 것이다. 다음에 [토론은 전쟁이다]의 관한 부분적 사상을 보도록 한다.

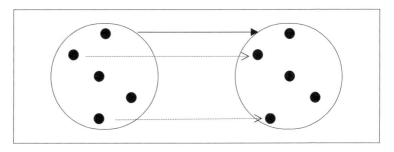

〈그림 1〉 개념영역 간의 부분적 사상

(12) ㄱ. 이전에 우리가 **이겼**다.
ㄴ. 두 편이 **싸우**고 있다.
ㄷ. **말**로 서로 **공격한**다.

(12)번은 토론을 표현할 때 쓰는 문장인데, 예문의 〈토론은 전쟁이다〉라는 개념적 은유에서 '전쟁'은 근원영역이다. '전쟁' 영역은 '전쟁터, 전투, 사병, 장군, 무기, 공격, 이기다, 지다, 병원, 상원' 등 많은 요소들을 포함한다. '토론'은 목표영역이고 목표영역의 요소들은 '토론하기, 말, 서로 반박하기, 결과를 내리기' 등이 있다. (12)에서 '전쟁'의 요소인 '승리, 싸움, 공격' 등의 개념 요소가 '토론'의 '우승자, 토론하기와 반박하기'와의 유사성에 기인하여 '토론'에 사상된다. 그러나

전쟁의 다른 개념적인 요소인 '병원, 상원, 명령' 등은 토론에 사상되지 않고 감추어진다. 이런 특징은 한 근원영역과 목표영역이 모두 각자의 특성적인 요소가 있기 때문이다. 이러한 까닭에 한 근원영역은 몇 가지 요소들만을 목표영역으로 사상하여 적용할 수 있다. 이로 인하여 한 근원영역이 여러 목표영역으로 사상할 수 있고, 한 목표영역도 여러 근원영역의 사상을 받을 수 있는 것이다. 이에 대해서는 뒤에 3, 4장에서 자료 분석할 때 다시 살펴보도록 하겠다.

셋째 개념영역 간의 사상이 기본적인 골격을 유지한다는 점이다. 즉 두 영역간의 사상은 기본적인 구조를 유지한다는 것이다. 이를 '불변성 원리'라고 한다.[17] 예를 들어보면 영상도식에서 '그릇도식'은 그릇의 경계에 의해서 '안, 밖'으로 나눠서 사상할 때 '안-안', '밖-밖'에 사상된다.

2.3. 날씨 어휘와 개념적 은유

본 서의 대상인 한·중 양국의 날씨 관련 어휘와 이들 어휘와 관련된 은유 표현을 인지적 관점에서 분석하기 위하여 앞에 제시한 Lakoff(1980)의 은유적 개념의 세 가지 인식 과정을 적용하기로 한다. 분석 과정에서 우리는 앞의 세 가지 과정이 어떤 하나의 어휘 사상이나 관련 표현에 모두 동시에, 일괄적으로 사상되지 않음도 발견하게 될 것이다.

---

17) 임지룡(2015:180참조)

2.3.1. 날씨 어휘 이름 붙이기 분석

날씨 어휘 이름 붙이는 방법에 관련하여 적용된 양국의 인지과정을 살피기 위하여 아래의 [가늘고 부드럽게 부는 바람은 실이다][A는 B이다] 예를 통해서 개념적 은유의 기본적인 틀로 분석할 것이다.

(13) **실바람** 부는 봄, 컨버터블보다 인기 있는 중고차.[18]

(13)에서 '실바람'은 명사 '실'과 '바람'으로 구성된 명사형합성어이며 실과 같이 가늘고 부드러운 바람이다. [가늘고 부드럽게 부는 바람은 실이다][A는 B이다]의 공식으로 보면 (13)에서 A는 설명하고 표현하려는 목표영역인 '바람'이고, B는 객관 세계에서 존재하는 근원적 구체적인 근원영역인 '실'이다. '실'은 근원영역으로 삼은 것은 바람이 가늘고 부드러운 특성이 '실'의 속성과 유사하기 때문이다. 이러한 유사성에 의해 '실'의 길고 보드라움을 바람이 약한 힘으로 부드럽게 부는 것으로 사상한다. '실바람'은 실을 시각으로 관찰할 때 알 수 있는 속성을 통해 은유한 예이다. 이처럼 사상 과정을 분석하면 어떤 속성을 가지고 있는지를 알 수 있다.

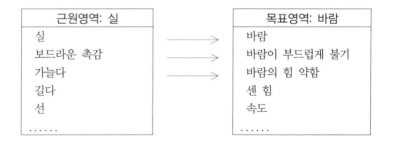

18) https://m.post.naver.com/viewer/postView.nhn?volumeNo=6912
877&memberNo =963&vType=VERTICAL (2017.03.24. 내용, 2018.
5.10. 참조)

2.3.2. 날씨 어휘 관련 표현 분석

(14) **감원 바람**이 분다

(14)중의 '감원바람'이란 기관이나 업체 등에서 인원을 감축하는 냉랭한 부정적인 분위기이다. '바람'은 온도가 낮으면 사람에게 차가운 촉각 느낌을 준다. 여기서 '바람'의 의미는 사회적으로 일어나는 일시적인 분위기나 추세이다. '감원'의 냉랭한 분위기는 '바람'의 찬 온도와 유사하다. 즉 '바람'의 촉각을 추상적인 '감원'의 분위기로 사상한다.

그러므로 (14)에세 '바람'은 근원영역이 되고 '분위기'는 목표영역이 되는 것이다. 이를 분석의 기본 틀로 보이면 다음과 같다.

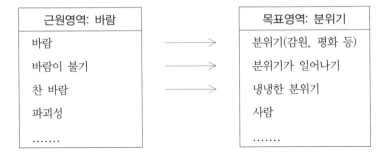

근원영역: 바람	목표영역: 분위기
바람	분위기(감원, 평화 등)
바람이 불기	분위기가 일어나기
찬 바람	냉랭한 분위기
파괴성	사람
……	……

이상에서 제시한 것과 같이 본 서의 진행 순서는 양국의 날씨 어휘는 어휘론의 범주로, 이들 어휘와 결합하여 형성된 날씨 관련 은유 표현은 의미론의 범주로 나누어 분석하기로 한다.

제3장

한국어 날씨 어휘의 의미
확장 양상

제3장 한국어 날씨 어휘의 의미 확장 양상

3장에서는 우선 연구대상인 한국어 '바람, 구름, 비, 눈' 어휘의 종류와 이들 어휘에 관련 표현을 살펴보고자 한다. 본 절에서의 논의 진행 절차는 다음과 같다. 첫째, 명사류 어휘에 대한 은유과정, 둘째 날씨어휘 관련된 표현에 적용하는 개념적 은유과정 순으로 한다.

3.1. 바람

이 절에서는 주로 '바람' 어휘의 종류와 '바람' 관련 표현 두 가지로 나누어 인지언어학 이론을 통해 분석해 보고자 한다.

3.1.1. '바람' 어휘의 종류

이 항에서 '바람' 어휘의 종류에 대해서 살펴보고 개념적 은유를 통해서 분석하도록 한다. 한국어에서 개념적 은유를 통해서 구성된 대표적인 '바람' 어휘는 아래 표와 같이 정리하였다.

1) 고추바람,	2) 황소바람,	3) 꽁무니바람,	4) 왕바람,	5) 꽃샘바람,
6) 칼바람,	7) 실바람,	8) 명주바람,	9) 회오리바람	

1) 매우 찬 바람은 고추다. (A는 B이다.)

(15) **고추바람**이 칼날같이 귓불을 엔다.

(15)번의 '고추바람'은 명사 '고추'와 '바람'으로 구성된 명사형 합성 어[19]인데 고추 같은 '살을 에는 듯' 매섭게 부는 차가운 바람을 은유적 으로 이르는 말이다. A는 설명하고 표현하려는 대상, B는 객관세계의 존재하는 근원적이고 구체적인 실체 또는 현상이다. 예시에서 '바람' 은 표현하고자 하는 목표영역으로 삼고, '고추'는 우리 익숙한 근원영 역으로 간주되는데, 이때 바람을 통해 사람이 느끼는 차가움은 고추를 먹을 때의 미각 자극과 유사하다. 고추는 '맵다, 식물, 먹을 수 있다, 물과 햇빛을 의존하다' 등 여러 가지 요소가 있는데 그중에서 매운 맛 의 자극적이고 강한 요소를 사상하여 고추바람은 강하고 세고, 차가운 바람의 의미를 가진다. 예시에서 '바람'이 '고추'로 사상한 것은 '고추' 와 '바람'의 속성 간에 유사성에 근거한 것으로 '고추'의 '매운' 미각적 특징을 '바람'의 차가움에 사상하여 개념화하는 것이다. 한국 사람들 이 고추의 속성인 '맵다'와 바람의 차가움을 통일하게 인식하고 있다. 이럴 경우 근원영역의 속성이 모두 사상한 것이 아니고 부분적으로 부 각된 것이다.

---

19) 김동화 · 이미영 옮김(2014:37)은 합성어가 '핵어'하고 '수식어'로 나눌 수 있는데 tree house 같은 두 단어로 구성된 합성어에서 house는 이 구문의 '핵어'라고 부른 다. 통사론적으로 핵어는 지배적인 구성소이고 의미론적으로 합성어의 핵어는 합성어 전체가 속하는 실체의 부류를 명시한다고 Katamba (1993)의 말씀을 재인용한다. tree는 어떤 식으로든 핵어 명사의 지시물을 수식하기 때문에 '수식어'라고 부른다. 김동화 · 이미영 옮김(2014:143)은 영여에서 개념적 은유가 명사-명사 합성어에 개념적 은유가 작요하는 다섯 가지 패턴이 있는데 (1) 수식어가 은유인 합성어, (2) 핵어가 은유인 합성어, (3) 합성어의 두 구성소가 은유인 합성어, (4) 합성어 전체가 은유인 합성어, (5) 합성어의 두 구성소의 관계가 은유인 합성어가 있다고 주장하였다.

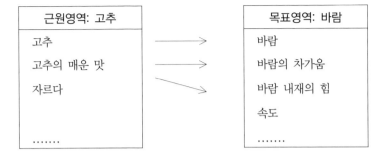

근원영역: 고추	목표영역: 바람
고추	바람
고추의 매운 맛	바람의 차가움
자르다	바람 내재의 힘
	속도
…….	…….

2) 매우 예리하게 부는 찬 바람은 칼이다.

(16) 섣달그믐께나 강을 훑고 올라온 **칼바람**이 살점을 도려내는 듯 아렸다.

(16)에서 '칼바람'은 명사 '칼'과 '바람'으로 구성된 명사형합성어이며, '몹시 예리하게 부는 찬 바람'이라는 뜻이다. 여기서 '칼'은 매우 예리한 날을 가지고 있는 사람을 해칠 만큼 예리한 칼이다. 이러한 칼은 찬 느낌, 즉 한기와의 유사성에 의해 사람을 베는 통각을 바람이 예리하게 불면서 바람이 사람에게 준 고통으로 사상한다.
이를 도식화하면 아래와 같다.

근원영역: 칼	목표영역: 바람
칼	바람
날카로움	차가움
살을 베다	바람을 맞다
아프다	통감
요리할 수 있다	
…..	…..

분석 결과 1)의 '고추바람'은 미각으로 찬 바람을 표현하고 2) '칼바람'은 통각으로 매우 찬 바람을 표현한다. 그렇다면 한국 사람들은 '고추바람'과 '칼바람'을 과연 다르게 인지하는가? 한국인들은 이렇게 섬세하고 다양하게 바람에 이름을 붙이고 있다. 화자들마다 자기의 경험을 바탕으로 근원영역을 찾아내는 것이다.

3) 매우 센 바람은 황소다.

(17) 바늘구멍으로 **황소바람**이 들어온다더니….

(17)의 '황소바람'은 명사 '황소'와 '바람'으로 구성된 명사형 합성어이며 '좁은 곳으로 가늘게 불어오지만 매우 춥게 느껴지는 바람'이다. 한국어 어휘 황소는 노란색 소의 뜻이 아니고 큰 수소를 말한다. 수소의 기운이 세다. 이러한 속성을 바람에 사상한 은유이다. 소보다 힘이 더 센 동물이 많은데 왜 한국 사람들은 황소를 가지고 바람의 세찬 힘을 표현하는가? 이건 바로 한국의 농경문화의 영향이다. 사람들이 밖에 가서 농사일을 할 때 제일 힘을 많이 쓰는 것은 암소도 아니고 말도 아니고 바로 황소이다. 이러한 농경사회의 경험에 의해 황소를 통해 은유하는 것이다.

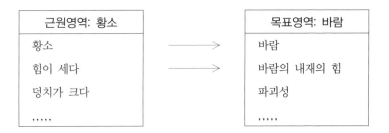

근원영역: 황소	목표영역: 바람
황소	바람
힘이 세다	바람의 내재의 힘
덩치가 크다	파괴성
……	……

4) 뒤 늦게 부는 바람은 동물 신체 부위 마지막 부분이다.

(18) 어젯밤 **꽁무니바람**이 쓸쓸하다 하여 패물과 곡식을 보낸 이도
그 중 한 사람입니다.

(18)에서 '꽁무니바람'은 명사 '꽁무니'와 '바람'으로 구성된 합성어
이다. 뒤 늦게 부는 바람을 의미한다. '꽁무니'란 새와 같은 동물의 꼬
리깃이나 꼬리를 낮추어서 부는 것이다. 한국 사람의 인지에서 '꽁무
니'는 새의 신체를 기준으로 볼 때 제일 마지막 부분이다. 이런 신체부
위의 마지막 부분을 가지고 뒤 늦게 부는 바람을 은유한다.

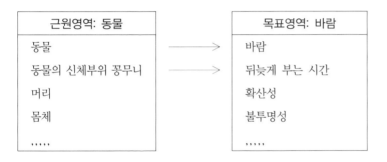

5) 제일 등급 높은 바람은 최고 권력자이다.

(19) **왕바람**을 맞다가 장대비에 젖다가. (차상주 수필집 제목,
2008.11.05)

(19)에서 '왕바람'은 명사 '왕'과 '바람'으로 결합하여 이루어진 합성
어이다. '풍력 계급20) 11의 몹시 강한 바람'이다. '왕'은 '군주 국가에

---

20) 풍력계급:[네이버 지식백과]풍력계급 (자연지리학사전, 2006. 5. 25, 한울아카데미)

서 나라를 다스리는 우두머리'이며 사회 등급에서 제일 높은 자리이다. 세기가 강한 바람을 나라를 다스리는 우두머리에 빗대어 표현하는 어휘가 왕바람이다. 즉 '왕바람'은 사람을 바람으로 왕의 권세는 바람의 세찬 힘으로 삼는 은유표현이다.

근원영역: 최고의 권력자	목표영역: 바람
왕	바람
왕의 권력	바람의 센힘
대통령	이동성
사장	
......	......

6) 이른 봄에 부는 바람은 사람의 질투심이다.

(20) 봄을 시샘하듯 꽃샘바람이 불고 숲에서 부엉이가 운다.

계급	바람의 명칭	지상 20ft의 풍속 (mile/hr)
0	고요	1 이하
1	미풍(微 風)	1~3
2	경풍(輕 風)	4~7
3	연풍(軟 風)	8~12
4	화풍(和 風)	13~18
5	질풍(疾 風)	19~24
6	강풍(强 風)	25~31
7	화강풍(和强 風)	32~38
8	질강풍(疾强 風)	39~46
9	대강풍(大强 風)	47~54
10	전강풍(全强 風)	55~63
11	폭풍(暴 風)	64~75
12	태풍(颱 風)	75 이상

(20)에서 '꽃샘바람'은 명사 '꽃'과 '샘'과 '바람' 같이 결합하여 구성된 명사형 합성어인데 입춘도 지나고 봄이 시작되는 첫머리이지만 꽃이 피는 것을 시샘하는 매우 차갑게 느껴지는 바람이다. 예시에서 사람의 많은 감정 중에 질투를 바람의 속성인 차가움으로 사상한다.

근원영역: 질투심		목표영역: 바람
마음	⟶	바람
시기심	⟶	차가움
부러워하다		센힘
무서워하다		이동성
……		……

7) 부드럽고 가늘게 부는 바람은 실이다.

(21) **실바람** 부는 봄, 컨버터블보다 인기 있는 중고차.[21]

(21)에서 '실바람'은 명사 '실'과 '바람'으로 구성된 명사형합성어이며 실과 같이 가늘고 부드러운 바람이다. 예시에서 설명하고 표현하려는 목표영역은 '바람'이고, 객관 세계에서 존재하는 근원적 구체적인 근원영역은 '실'이다. '실'을 근원영역으로 삼은 것은 바람이 가늘고 부드러운 특성이 실의 속성과 유사하기 때문이다. 이러한 유사성 때문에 '실'의 길고 보드라움을 바람이 약간 힘으로 부드럽게 부는 것으로 사상한다. '실바람'은 실의 시각적 속성을 사상 한 것이다.

---

21) https://m.post.naver.com/viewer/postView.nhn?volumeNo=6912
877&memberNo=963&vType=VERTICAL (2017.03.24. 내용, 2018.
5.10. 참조)

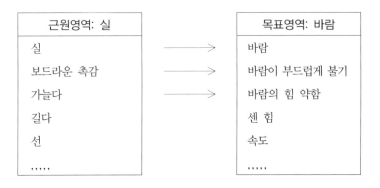

8) 살갗에 부드러운 느낌을 주는 바람은 명주다.

(22) 한 줄기 **명주바람**이 물위를 달리며 길을 내고 이내 지워진다.
(청솔작성일자2017.01.16.)

(22)에서 '명주바람'은 명사 '명주'와 '바람'과 결합하여 구성된 명사
형합성어인데 아주 부드럽고 살갗의 부드러운 느낌을 주는 바람이다.
명주는 비단이다. 비단은 그 부드러움을 만져봐야 알 수 있는 것이다.
이러한 촉각적 경험을 바탕으로 바람을 표현한다. 즉 바람을 명주로
바람이 보드라운 촉감을 명주의 매끈한 촉각으로 표현한다.

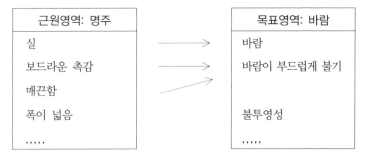

7)번과 8)번을 분석하는 바와 같이 '실바람'과 '명주바람'은 다 부드

러운 바람을 은유적으로 하는 어휘이다. 왜 이와 같이 실을 바람으로 사상하는 사람이 있고 명주를 사상하는 사람도 있는가? 두 어휘의 차이는 무엇일가? 이런 차이는 1)과 2)에서와 같이 바람을 표현하고자 하는 사람들의 경험에 근거한다.

9) 바닷물이 세차게 감돌아 듯이 부는 바람은 회오리바람이다.

(23) **회오리바람**이 온 마을을 휩쓸고 지나갔다.

(23)에서 '회오리바람'은 명사 '회오리'와 '바람'으로 결합하여 구성된 명사형합성어이며, 한꺼번에 모여든 공기가 나선 모양으로 일으키는 선회(旋回) 바람이다. '회오리'는 바닷물이 깊은 곳에서 나선형으로 운동하는 현상이다. '회오리바람'은 바람의 나선형 모양을 회오리의 모양으로 보는 것이다.

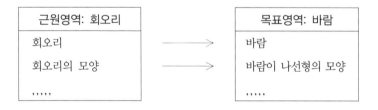

이상에서 분석한 한국어 바람의 어휘종류는 모두 9개이고 그 어휘들은 모두 바람을 목표영역으로 삼은 어휘다. '고추바람'은 음식인 고추의 매운 미각을 바람 차가움과 유사하게 여긴 것이고, '실'과 '명주'의 매끈한 촉감, '칼바람'은 칼은 사람에게 준 통감을 바람에 감각으로 사상한 것이다. '황소바람'은 바람의 내재의 힘이라는 속성에 주목하여 황소의 강한 에너지, 왕의 권세 등에 의해서 세차게 부는 바람으로 간주된다. '꽃샘바람'은 사람의 질투심을 바람이 이른 봄꽃이 필 무렵에 부는 것을 은유한 것이다. '회오리바람'은 회오리의 모양에 의해서 바람의 모양으로 삼는다. '꽁무니바람'은 동물의 뒷면을 가지고 바람이 부는 방향을 지칭한다.

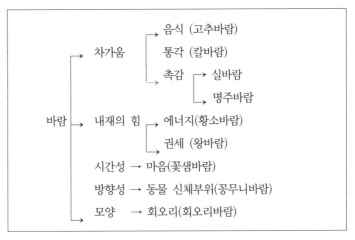

〈그림 2〉 '바람' 어휘의 의미 확장 도식

3.1.2. '바람' 관련 표현

이 항에서는 주로 개념적 은유를 통해서 '바람'에 관련된 표현을 분석하고자 한다. 앞에 2장에서 논의한 바와 같이 목표영역은 추상적이고 비물리적인 것뿐만이 아니고 구체적인 내용도 포함한다. 근원영역은 목표영역에 비해서 일상생활에서 더 많이 체험할 수 있고 접근이 쉽다. 이 때문에 한 목표영역이 또 다시 다른 은유에서 근원영역으로 될 수 있는 것이다. 이를 주의하여 '바람'은 목표영역이 될 경우와 근원영역으로 될 경우의 두 가지로 나누어 논의하도록 한다.

1) '바람'을 목표영역으로 삼은 표현

(24) **바람의 채찍**에 맞아 귀가하는 내 모습이, 그 모진 정이 되었
   나요?

(24)에서 바람이 이동하는 과정에서 담고 있는 힘을 채찍이라는 물
체로 구체화한다. 사람들이 체험한 실제물인 채찍을 통한 타격을 바람
으로 사상하는 것이다. 즉 채찍은 바람으로, 채찍을 휘두르는 것은 바
람이 부는 것으로 사상하여 형성된 은유 표현이다.

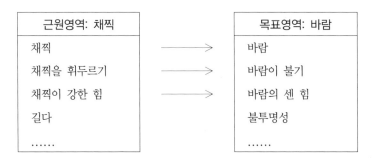

그러므로 (24)에서 '바람'은 목표영역이 되고, '채찍'은 근원영역으
로 삼는 '바람은 채찍이다'라는 은유표현이다.

(25) 바람이 살을 **깎아 내**도록(刺骨)

(25)에서 서술어 '깎다'는 '칼 따위로 물건의 거죽이나 표면을 얇게
벗겨 내다'는 뜻이다. 바람은 세게 불면 그 기세가 강해서 사람에게 주

는 고통이 사람에 살을 베어내는 느낌과 같다. 여기서 사람에 준 고통을 가지고 강한 바람이 사람에게 주는 통감으로 은유한다. 이것을 도식으로 나타내면 다음과 같다.

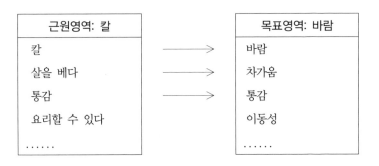

근원영역: 칼	목표영역: 바람
칼 ⟶	바람
살을 베다 ⟶	차가움
통감 ⟶	통감
요리할 수 있다	이동성
......	......

이와 같이 (25)는 목표영역의 바람이 근원영역의 칼에 의해서 실현된 은유표현이다.

(26) ㄱ. **바람 길을 탄** 연이 바람을 안고 떠올랐다.
　　ㄴ. 향긋한 **내음이 바람을 타**고 퍼져 나갔습니다.

(26)에서 '연'은 사람이 바람을 이용해서 날리는 놀이기구다. '바람'은 이동하는 속성이 있고 움직여서 무엇을 이동시키는 힘을 가진다. 여기서 연을 날리는 것을 '바람을 타다'라고 표현한다. 동사 '타다'의 원의미는 사람이 이동수단에 몸을 얹어 한 곳에서 다른 곳으로 이동하는 동작인데, 실제로는 바람은 탈 수 없다. 이동수단을 타는 주체인 사람이 대상인 이동수단을 이용하여야만 '타다'라는 행위로 서술할 수 있다. 그러나 여기서는 '연'을 나르는 원동력이 바람이기 때문에 '연'이 하늘에 떠오르는 모습을 '타다'로 은유하여 '연이 바람을 타다'라는 표현을 가능하게 한다. 즉 '연이 바람에 의해 하늘을 난다'는 표현을

연이 떠 있는 모양을 의인화해서 '바람'이라는 이동수단을 타서 움직이는 것과 같이 은유한 것이다.

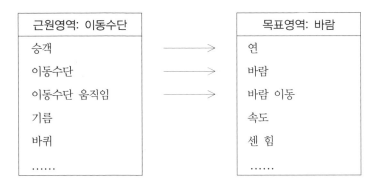

그림을 통해서 보면 근원영역에 속하는 '이동수단'은 '승객, 이동수단, 이동수단의 움직임, 기름, 바퀴' 등 요소들이 있고, 목표영역은 '연, 바람, 바람의 이동, 속도, 센 힘' 등 요소가 있다. 이미 알고 있듯이 근원영역과 목표영역의 각 특성의 은유적 사상이 요소에 일대일로 대응하는 것이 아니다. 유사성이 있는 요소들 사이에서, 즉 근원영역의 '승객, 이동수단, 이동수단의 움직임'은 목표형역의 '연, 바람, 바람의 이동'에만 선택적으로 사상되는 것이다. (26ㄴ)번은 '내음'을 승객으로 여기고 바람을 승객이 타고 날아다니는 이동수단으로 사상한다. 바람은 다른 이동수단의 도구와 같고 '내음'을 싣고 한 곳에서 다른 것으로 이동하는 뜻을 부여한다.

(27) ㄱ. **바람**은 주변 **환경을 씻어**준다.

　　ㄴ. 그 **바람이** 그 동안 쌓인 **마음의 때**를 말끔히 **씻어줄** 것이다.

　　ㄷ. 그러나 **바람**은 그의 **갈증을 씻어내**지 못했다.

물은 깨끗한 액체로 물건에 붙어있는 더러운 것을 씻어줄 수 있는 기능이 있다. (27ㄱ)은 바람이 불면 그의 힘이 가벼운 물건들을 일고 바람이 부는 방향에 따라 가기 때문에 바람이 지나가는 장소는 깨끗해진다. 물이 더러운 것을 씻어주는 것을 바람의 이런 특성에 사상한 표현이다. 이와 같이 (27ㄴ, ㄷ)은 '마음의 때'와 '갈증'이라는 추상적인 것을 보다 구체적인 더러운 것으로 사상하고 바람은 물이 그러한 것처럼 더러운 것을 씻어 낼 수 있는 것으로 사상한다. 여기서 바람이 씻어 준 것은 구체적인 사물(환경)에서 추상적인 마음의 때와 갈증까지 확장해 나간다.

근원영역: 물		목표영역: 바람
물	⟶	바람
빨래하기	⟶	바람의 불기
옷의 더러운 것	⟶	더러운 것 (환경, 갈증, 때)
마실 수 있다		센 힘
흐르다		
……		……

(27)과 같은 표현은 목표영역의 바람이 우리 생활에서 아주 구체적인 근원영역의 물에 의해서 사상된 바람관련 은유표현이다.

(28) ㄱ. 파도는 더욱 사나워졌고, **미친바람**이 빗줄기와 함께 내리쳤다.
　　ㄴ. 새벽의 **겨울바람이 매섭게 불**어 왔다.
　　ㄷ. 밤이 되어 갑자기 장대 같은 빗줄기가 쏟아지거나 **사나운 바람이** 몰아쳐도 어머니는 으레 가슴을 죄며 걱정이 앞섰다.

(28)은 사람의 성격을 표현하는 '미치다, 사납다, 매섭다'로 바람을 수식하는 예문이다. '미치다'는 정신에 이상이 생겨 말과 행동이 보통 사람과 다르게 된다는 의미의 형용사이고,(28ㄱ) '미친바람'은 일정한 방향도 없이 마구 휘몰아쳐 부는 사나운 바람이다. 이 표현은 사람이 이랬다 저랬다 이상한 말과 행동을 하는 것을 바람이 방향이 없고 세차게 부는 것으로 사상한 은유표현이다. (28ㄴ, ㄷ)에서 '매섭다'는 남이 겁을 낼 만큼 성질이나 기세 따위가 매몰차고 날카롭다는 뜻이며, '사납다'는 성질이나 행동이 모질고 억세다는 의미를 지닌다. (28)은 이처럼 사람의 행동과 태도를 바람이 힘이 세차게 부는 양상으로 사상 하여 형성된 은유한 표현이다. (28ㄱ)번을 도식화 하면 아래와 같다.

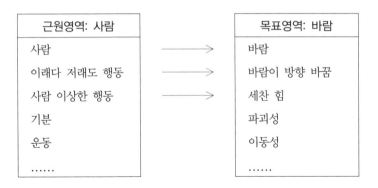

이와 같이 (28)은 목표영역의 바람이 근원영역의 사람에 의해서 사 상하여 형성된 은유표현이다.

(29) ㄱ. 눈이 시리게 푸른 하늘 위를 스치는 **싸한 바람**이 부대 앞에 높이 걸려 있는 깃발을 소리 나게 물어뜯고 있었다.

ㄴ. 한겨울 **맵짠 하늬바람**에 손발이 시려 종종걸음 치던 산모퉁 이의 기억도 새롭고 가을철에 허기진 배를 채우느라 콩서리

도하고 남의 밭 고구마 무 따위를 캐어 먹던 추억도 아름답다.

ㄷ. **매운바람**이 분다.

(29ㄱ-ㄷ)중에 '싸하다'는 혀나 목구멍 또는 코에 자극을 받아 아린 듯한 느낌이 있다는 뜻이고 '맵짜다'는 음식의 맛이 맵고 짜다는 뜻이며 '맵다'는 고추나 겨자와 같이 맛이 알알하다는 의미이다. 이 세 어휘는 다 미각의 관한 형용사이다. 추운 바람이 강하게 불면 그 차가움과 강한 힘은 사람에게 통감을 주고 오래 되면 얼얼해진다. 이러한 감각적 경험을 바탕으로 은유한 표현들이 (29)의 표현들이다. (29ㄷ)의 도식은 아래와 같다.

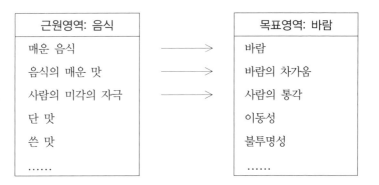

이와 같이 (29)는 목표영역의 바람이 근원영역의 음식에 의해서 사상하여 형성된 은유표현이다.

바람을 목표영역으로 삼은 표현을 정리하면 고추의 매운 미각과 칼로 사람을 베는 통각을 바람이 사람에게 준 통각으로 사상한 표현, 사람의 성격과 채찍을 휘두르는 에너지는 바람의 내재의 힘으로 사상한 표현 이동수단은 바람의 이동성 속성에 의해서 바람으로, 물이 옷에 더러운 것을 씻어준 것을 바람이 가벼운 것을 휴대갈 수 있는 영향으로 사상한 표현으로 정리할 수 있다.

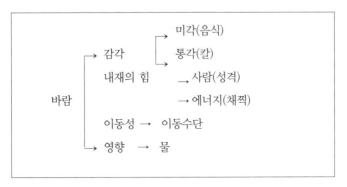

〈그림 3〉 '바람'을 목표영역으로 삼은 표현

2) '바람'을 근원영역으로 삼은 표현

(30) ㄱ. **감원 바람**이 분다.

ㄴ. [활짝 청와대이야기] **평화협력의 바람**이 분다!

(30ㄱ)중의 '감원바람'이란 기관이나 업체 등에서 인원을 감축하는 냉랭한 부정적인 분위기이다. '바람'은 온도가 낮으면 사람에게 차가운 촉각 느낌을 준다. 여기서 '바람'의 의미는 사회적으로 일어나는 일시적인 분위기나 추세이다. '감원'의 냉랭한 분위기는 '바람'의 찬 온도와 유사하다. 즉 '바람'의 촉각 영향을 추상적인 '감원'의 분위기로 사상한다. (30ㄴ)에서의 '평화협력의 바람'이란 남북의 훈훈한 분위기를 말한다. 훈훈함은 사람이 지내기 좋을 만큼의 온도이기 때문에 긍정적으로 인지된다. '평화협력의 바람'은 남북 간의 평화롭고 긍정적

인 분위기를 바람람을 통해 표현한 것이다. 여기서 구체적인 객관물인 바람과의 유사성을 가지고 바람을 근원영역으로 끌어들여서 사회적인 분위기를 바람에 은유한 것이다. 여기서 바람의 부정과 긍정적인[22] 확장의미를 포함한다.

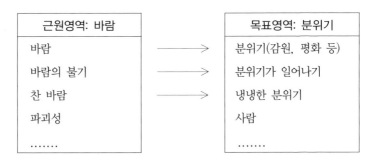

근원영역: 바람		목표영역: 분위기
바람	⟶	분위기(감원, 평화 등)
바람의 불기	⟶	분위기가 일어나기
찬 바람	⟶	냉냉한 분위기
파괴성		사람
....		....

이와 같이 (30)에세 '바람'은 근원영역이 되고 '분위기'는 목표영역으로 삼는다.

(31) ㄱ. 이웃집 남자와 **바람이 난**다.
　　 ㄴ. 아내 몰래 남편이 **바람을 피운**다.

(31ㄱ)에서 '바람이 나다'와 (31ㄴ)의 '바람을 피우다'는 외도하는 뜻이다. (31ㄱ)에서 '나다'는 방향성이 바깥을 향한다. 이때 내용물인 공기가 '그릇'안에 있는 것이 정상인 것으로 여겨진다. 즉 공기가 머물러 바람이 불지 않는 것이 정상이다. 이 공기가 어떤 알지 못하는 요인에 의해서 밖으로 나간다. 이것은 아내의 감정과 육체가 '집안'이

---

22) 이 점은 임지룡(2015)에서 '바람'은 사회적 분위기로 쓰일 경우는 '사전, 감원, 치마, 춤, 투기'등 부정적 시류를 나타내는 명사와 결합되어 나타난다."라고 하지만 본 서에서 긍정적인 확장도 보충했다.

라는 '그릇'에서 나가서 '이웃집 남자'에 나간 것과 유사성이 있다. 사회적인 윤리로 보면 부부사이의 서로 충실하고 사랑해야 마땅하나 아내가 남편과의 신뢰를 저버리고 다른 남자와 관계를 가진다. 이러한 유사성에 기인하여 한국어 '바람' 표현은 공기가 바깥으로 이동하여 바람이 발생하는 것을 것을 '남녀관계'로 사상한 표현이다. (31ㄴ)에서 '피우다'는 어떤 요인에 의해서 어떤 분위기가 일어나고 번지게 하는 타동사이다. 한국 사람은 공기(바람)가 '집'이라는 '그릇'안에 머물러 있어야 되는데 그렇지 못한 경우를 부정적으로 보고 부부관계에서의 부정적인 상황에 사상하여 표현한다. 또다른 표현으로 목적어가 타동사 '피우다'를 통해서 확산되는 것을 '바람을 피우다'라고 한다. 외도하는 바람이 바깥으로 가는 방향으로 사상하여 남편이 자기의 감정을 번지게 하는 것이다. 여기서 남편이 자기의 아내와의 신뢰를 저버리고 감정과 육체가 '집'의 안쪽에서 바깥쪽으로 확산하는 방향으로 형성된 은유표현이다.

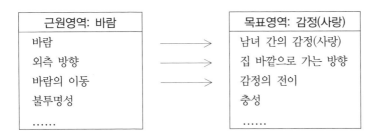

(31)에서는 바람이 바깥으로 흐르는 상황을 남편하고 아내는 서로의 배우자에 대한 감정의 안에서 바깥으로 이동하는 것으로 사상한다. 사람의 감정과 행동의 변화를 바람의 방향성과 이동성의 속성을 통해 은유적인 예이다. 이와같이 (31)은 근원영역의 바람을 목표영역의 감

정(남녀관계)으로 간주한 은유표현이다.

(32) ㄱ. 동생은 공부하는 형에게 나가 놀자며 **바람을 집어넣**는다.
ㄴ. 옆에서 자꾸 **바람을 잡**았어도 나는 그것을 무시하고 집으로
돌아왔다.

(32ㄱ)에서 '바람을 집어넣다'와 (32ㄴ)에서의 '바람을 잡다'는 남을
이리저리 들쑤셔서 어떤 일을 하게 만든다는 뜻이다. '공부하는 형'의
상태는 마음이 공부에만 있고 다른 생각을 하지 않는 차분한 상태이
다. 그러나 '동생'이 '나가 놀자'는 말로 차분한 형의 마음을 흔들고 '공
부하는 형'에게 공부와는 관계없는 다른 일에 관심을 가지게 한다. 이
렇게 남을 부추겨서 무슨 행동을 하려는 마음이 생기게 만드는 경우는
바람에 의해 나무 가지가 흔들리는 경우나, 물결이 치는 경우와 유사
하다. 이 유사성에 기인하여 바람은 인간의 마음으로, 바람이 다른 것
에 준 영향은 사람의 마음의 변화로 사상하여 은유한다.

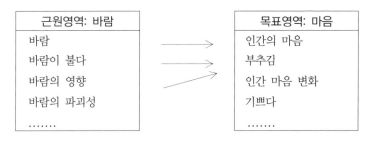

근원영역: 바람	목표영역: 마음
바람	인간의 마음
바람이 불다	부추김
바람의 영향	인간 마음 변화
바람의 파괴성	기쁘다
……	……

이와 같이 (32)는 근원영역의 바람을 목표영역의 사람의 마음으로
삼는 은유표현이다.

(33) 그 아이는 뱃속에 **바람이 잔뜩** 들었다.

(33)에서 '바람이 들다'는 마음이 들떠서 불안정하는 뜻이다. '들다'
는 밖에서 속이나 안으로 향해 가거나 오거나 하는 동작이다. 내측 방
향성을 내재한다. 바람이 불면 나뭇가지 등이 흔들리고 불안정하다.
이 점은 어떤 요인으로 인간의 마음이 가라앉지 아니하는 불안정한 상
태와 유사하다. 즉 바람이 기압의 변화로 일어나는 것을 인간의 마음
의 변하는 것의 원인으로 사상하고 바람으로 사람의 마음을 표현한 것
이다.

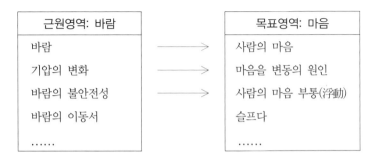

(34) ㄱ. 응, 네가 보고 싶어서 정말 **바람처럼 날아**왔지.

　　ㄴ. 토벌군의 포위망을 뚫고 **탈출한 남부군은 바람처럼** 급행군
　　　을 계속하여 백 무골 깊숙이 잠적해 버렸다.

(34)에서 '나, 남부군'은 '바람같이/처럼'과 행위의 속도가 빠르다는
의미를 담는 '날아왔지', '급행군' 등의 동사 또는 명사와 결합하였다.
이러한 표현은 바람의 빠른 속도와 이동성은 사람의 속도 및 이동성과
의 유사성에 근거하여 사상한 표현이다.

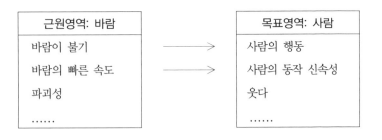

그러므로 (34)는 바람을 근원영역으로, 사람을 목표영역으로 분석할 수 있다.

(35) ㄱ. 그들은 온갖 **바람을 이겨**내고 성공하였다.[23]
　　 ㄴ. 어떤 **바람에도 흔들**리지 않는 의지.

(35)는 '바람'의 강한 힘과 그 파괴력에 대해 나타낸다. 그러한 의미를 통하여 바람은 어려움과 시련의 의미로 확장된다. 여기에서 '바람'은 어려움, '바람'이 부는 것은 어려운 일이 발생하는 것, 바람을 이기는 것은 어려움을 극복하는 것으로 사상한다.

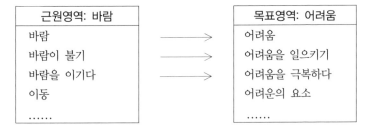

이와 같이 (35)는 근원영역의 바람을 목표영역의 어려움(시련)으로 사상하는 은유표현이다.

---

23) 임지룡(2015:149) 재인용.

(36) ㄱ. **바람을 잘 타는** 자리.

ㄴ. 워낙 **바람이 센 자리**라 늘 불안하다.

(36ㄱ)에서 '바람을 잘 타는 자리'와 (36ㄴ)에서 '바람이 센 자리'의
의미는 '남의 비난의 목표가 되거나 어떤 힘의 영향을 잘 받아 불안정
한 사태, 위치'이다. 바람이 불면 나무나 다른 것들이 바람의 힘에 따
라 흔들거리거나 넘어지기도 한다. 이러한 일은 비난이나 공격을 받
은 대상이 불안정해지는 것과 유사하다. 이때 '바람'[24]은 사람으로
사상되며, 바람이 부는 것을 사람이 비난하거나 공격하는 것으로 사
상한다.

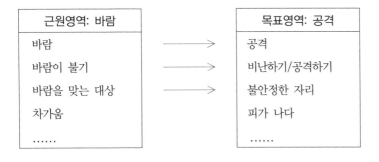

그러므로 이런 표현은 바람을 근원영역으로 삼고 공격을 목표영역
으로 삼은 은유표현이다.

(37) 저 애는 엄마의 **치맛바람**으로 이번 실기 시험에서 가장 좋은 점
수를 받았다.

---

24) 이청동(2003:16)에서 [비난의 목표]로 하지만 필자는 '자리'가 [비난의 목표]이고
'바람'은 비난/공격으로 여긴다.

(37)중에 '치맛바람'은 명사 '치마'와 '바람'사이에 '-ㅅ'을 삽입하여 구성된 합성어인데 엄마의 극성스러운 활동을 은유적으로 표현한 것이다. 바람은 불면 마침이 없는 지속성이 있다. 치마는 여자들이 입는 옷이므로 옷이 여자를 대표하는 '부분-전체'의 환유표현이다. 치맛바람을 통해 엄마가 연상이 된다. 치맛바람이 나는 곳은 학교이다. 한국은 교육열이, 특히 어머니들이 학교에 많이 드나들면서 아주 적극적으로 참여한다. 이러한 현상을 치맛바람이라고 한다.

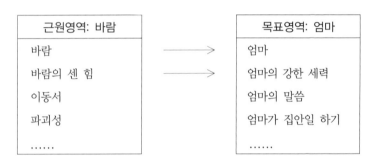

이와 같이 (37)에서 근원영역의 바람을 목표영역의 엄마로 삼은 은유표현이다.

'바람'을 근원영역으로 삼은 표현은 '바람'의 이동성, 불안정성, 부정적 영향, 내재의 힘에 의해서 형성된다. '바람'의 이동성을 통해 분위기, 사람의 감정, 마음, 말 네 가지로 사상하고, '바람'의 파괴성에 의해서 어려움으로 확장해 나간다. 바람의 부정적 영향에 의해서 비난, 공격 그리고 어려움 등으로 간주된다. 바람의 내재의 힘을 통해서 엄마의 위력으로 확장해나간다.

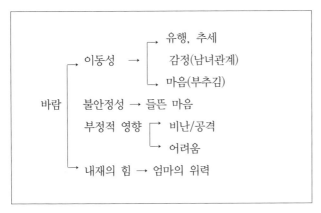

〈그림 4〉 '바람'을 근원영역으로 삼은 표현

3.2. 구름

이 절에서는 주로 '구름' 어휘의 종류와 '구름' 관연 표현 두 가지로 나누어 인지언어학 이론을 기준으로 하여 분석해 보고자 한다.

3.2.1. '구름' 어휘의 종류

이 항에서 '구름' 어휘의 종류에 대해서 살펴보고 개념적 은유를 통해서 분석하도록 한다. 한국어에서 개념적 은유를 통해서 구성된 대표적인 바람 어휘는 아래 표와 같이 정리하고 다음에 분석하도록 한다.

> 1) 꽃구름, 2) 꼬리구름, 3)유방구름, 4) 비늘구름, 5) 새털구름,
> 6)먹구름, 7) 모루구름, 8) 삿갓구름, 9) 렌즈구름, 10) 실구름,
> 11) 솜구름, 12) 조개구름, 13) 나비구름, 14) 양떼구름

1) 아름다운 구름은 꽃이다.

(38) **꽃구름**이 일고 있는 하늘 어디쯤을 한 마리의 어린 제비가 날아
가고 있다고나 할까.

(38)에서 '꽃구름'은 명사 '꽃'과 '구름'으로 구성된 명사형 합성어이
며 '여러 가지 빛을 띤 아름다운 구름'이다. 예시에서 '꽃구름'은 '구름
은 꽃 같은 구름이다'라는 뜻으로 이해할 수 있고 '구름'은 목표영역이
되고, '꽃'은 근원영역으로 된다. 꽃의 모양과 아름다움은 구름에 부여
해서 구름을 꽃으로 개념화시킨다.

근원영역: 꽃
꽃
꽃의 모양
아름다움
향기
……

목표영역: 구름
구름
모양
아름다움
이동성
……

3) 구름밑면에서 연직 또는 비스듬히 밑으로 꼬리를 끌고 있는
구름은 꼬리다.

(39) 신기루 현상과 함께 **꼬리구름** 현상은 금 번 미서부여행에서 잊
지 못할 장관 이었습니다.[25]

---

25) http://www.slrclub.com/bbs/vx2.php?id=user_essay&no=4737&c
ategory=1

(39)은 '꼬리구름'은 명사 '꼬리'와 '구름'으로 결합하여 이루어진 명사형합성어이고 '구름밑면에서 연직 또는 비스듬히 밑으로 꼬리를 끌고 있는 구름'이다. 모양을 통해서 '구름'을 '꼬리'로 개념화한다.

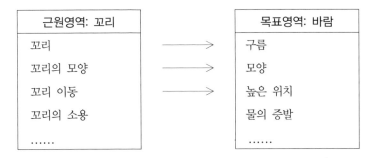

4) 구름의 바닥에 유방모양의 돌기가 매달린 구름은 유방이다.

(40) 하늘에 펼쳐진 **유방구름** 이 구름들은 왜 둥글둥글 할까요?

(40)에서 '유방구름'은 명사 '유방'과 '구름'으로 결합하여 이루어진 명사형합성어이고 '구름의 바닥에 유방 모양의 돌기가 많이 매달려 있는 것처럼 보이는 구름'이다. 여기서는 구름을 유방이라는 신체부위로 보는 것이다.

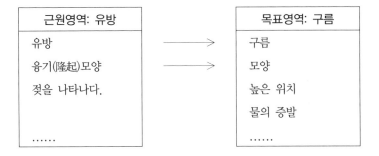

5) 희고 작은 구름 덩어리가 촘촘히 흩어져 있는 구름은 비늘이다.

(41) 오산댁의 눈길은 처마 끝에 물린 하늘로 가있었다. 하늘에는 **비늘구름**이 떠가고 있었다.

(41)에서 '비늘구름'은 명사 '비늘'과 '구름'으로 구성된 명사형합성어인데 희고 작은 구름 덩어리가 촘촘히 흩어져 있는 구름이다. '비늘'은 '물고기나 뱀 따위의 표피를 덮고 있는 얇고 단단하게 생긴 작은 조각'이다. 물고기의 비늘은 밀집하고 순서대로 배열되는 형태적 특징에 주목하여 바로 구름을 비늘로 개념화하는 것이다.

근원영역: 비닐	목표영역: 구름
비늘 ⟶	구름
비늘의 모양 ⟶	모양
젖을 나타나다. ⟶	높은 위치
……	……

6) 새털 모양의 흰 구름은 새털이다.

(42) 서쪽 하늘에 깔린 **새털구름**이 주황빛으로 물들었다

(42)에서 '새털구름'은 명사 '새'와 '털'과 '구름'으로 구성된 명사형 합성어이며 '하늘에 높이 떠 있는 새털 모양의 흰 구름'이다. 예시에서 털은 새들이 피부에 나는 가느다란 것인데 이런 형태적 특성을 구름으로 사상한다.

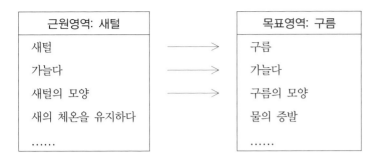

근원영역: 새털		목표영역: 구름
새털	⟶	구름
가늘다	⟶	가늘다
새털의 모양	⟶	구름의 모양
새의 체온을 유지하다		물의 증발
……		……

위의 5)번과 6)번의 구름은 모습이 거의 흡사하다.[26] 그런데 어떤 사람은 비늘에다가, 어떤 사람은 새털에다가 표현한다. 이것은 화자 각자의 경험에 바탕을 둔 것이다.

7) 몹시 검은 구름은 먹이다.

(43) ㄱ. 하늘에는 비 실은 **먹장구름**이 수런거리며 달리고 있었다.

ㄴ. 하늘이 온통 **먹구름**으로 덮였다.

(43)에서 '먹구름'은 명사 '먹'과 '구름'으로 결합하여 형성된 명사형 합성어이며 '몹시 검은 구름'이다. '먹'은 '벼루에 물을 붓고 갈아서 글씨를 쓰거나 그림을 그릴 때 사용하는 검은 물감'이다. 예시에서 '먹'의 검은 색깔의 특성을 구름에 부여한 은유표현이다.

근원영역: 먹		목표영역: 구름
먹	⟶	구름
검은 색	⟶	검은 색
글자를 쓰기	⟶	이동성
……		……

---

26) 한국에서 새털구름을 많이 쓰고 중국에서는 비늘구름을 더 많이 사용한다.

8) 넓고 편평하게 퍼져 있는 구름은 모루다.

(44) 거대한 **모루구름**이 저 안에 들어온다.

(44)에서 '모루구름'은 명사 '모루'와 '구름'으로 구성된 명사형 합성어이며 '적란운의 윗부분에 나타나는 넓고 편평하게 퍼져 있는 모루 모양의 구름'이다. '모루'는 '대장간에서 불린 쇠를 올려놓고 두드릴 때 받침으로 쓰는 쇳덩이'이다. 예시에서 모루의 편평한 모양을 구름에 부여한 은유표현이다.

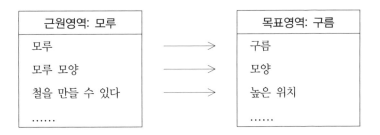

9) 산꼭대기 부근에 둘러져 있는 구름은 삿갓이다.

(45) **삿갓구름**[27]을 보았을 때는 무척 기뻤다.

(45)에서 '삿갓구름'은 명사 '삿갓'과 '구름'으로 구성된 명사형 합성어이며 '외딴 산봉우리의 꼭대기 부근에 둘러져 있는 갓 모양의 구름'이다. '삿갓'은 '비나 햇볕을 막기 위하여 대오리나 갈대로 거칠게 엮어서 만든 갓'이다. 예시에서 '삿갓구름'은 '구름은 삿갓 같은 구름이

---

27) https://ncc-phinf.pstatic.net/20140529_268/1401350992578MbW
5Y_JPEG/do04.jpg?ype=w646

다'라는 문장으로도 바꿀 수 있다. 이 때 '구름'은 목표영역이 되고, '삿갓'은 근원영역이 된다. 산기슭을 따라 생긴 구름은 '삿갓'의 모양에서 확립한다.

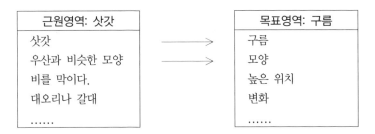

10) 렌즈 또는 비행선 모양을 이룬 구름은 렌즈다.

(46) 제작 년과 똑같은 위치와 비슷한 시간에 제주도 **렌즈구름을** 봤다.

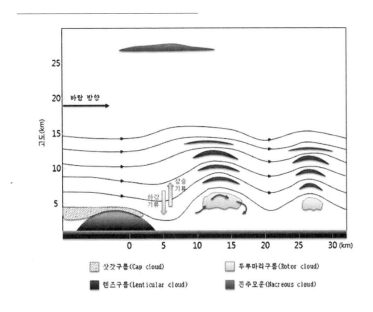

(46)에서 '렌즈구름'은 명사 '렌즈'와 '구름'으로 결합하여 구성된 명사형 합성어이며 '렌즈 또는 비행선 모양을 이룬 구름.'이다. 예시에서 '렌즈구름'은 '구름은 렌즈와 같은 구름이다'라는 뜻으로 바꿀 수 있다. 여기서 렌즈의 한쪽 또는 양쪽 표면이 곡면의 모양을 구름으로 사상한 은유적 표현이다.

근원영역: 렌즈		목표영역: 구름
렌즈	⟶	구름
곡면	⟶	모양
뚜렷하게 보기	⟶	높은 위치
……		……

11) 가늘고 긴 구름은 실이다.

(47) 눈이 시리도록 푸른 하늘에는 **실구름**이 걸려 있었다.

(47)에서 '실구름'은 명사 '실'과 '구름'으로 결합하여 구성된 명사형 합성어이며 '실같이 가늘고 긴 구름.'이다. 예시에서 '실구름'은 '구름은 실과 같은 구름이다'라는 뜻으로 바꿀 수 있다. 여기서 '실'의 가늘고 긴 모양을 구름으로 사상하여 형성된 은유적 표현이다.

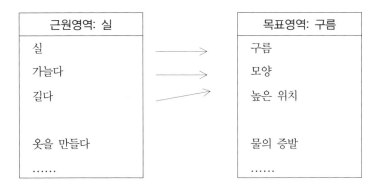

근원영역: 실	목표영역: 구름
실	구름
가늘다	모양
길다	높은 위치
옷을 만들다	물의 증발
……	……

12) 폭신폭신한 모양과 느낌을 가진 구름은 솜이다.

(48) 뭉실한 **솜구름**이 푸른 하늘에 떠 있다.

(48)에서 '솜구름'은 명사 '솜'과 '구름'으로 결합하여 구성된 명사형 합성어이며 '솜같이 뭉실한 구름.'이다. 예시에서 '솜구름'은 '구름은 솜과 같은 구름이다'라는 뜻으로 이해될 수 있다. 여기서 솜의 희색과 폭신폭신한 모양을 구름에 부여한 은유적 표현이다.28)

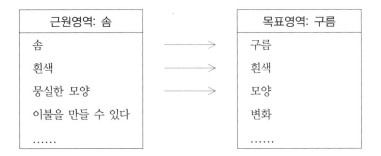

근원영역: 솜	목표영역: 구름
솜	구름
흰색	흰색
뭉실한 모양	모양
이불을 만들 수 있다	변화
……	……

---

28) 솜은 1363년(공민왕 12)에 원나라에 사신으로 갔던 문익점(文益漸)에 의해서 한국에 들어오고 심기 시작한다. 100년이 못되어 전국 팔도에 심지 아니한 곳이 없었다. 이로써 솜을 가지고 구름을 표현한 '솜구름'이 나온다.

13) 하늘에 흩어져 있는 희고 작은 구름은 조개다.

(49) 잠시 후 망경대에서 일 년에 서너 번 볼 수 있는 **조개구름**과 환
　　 상적인 운해를 감상하니 금강산이 부럽지 않다

(49)에서 '조개구름'은 명사 '조개'와 '구름'으로 결합하여 구성된
명사형 합성어이며 '높은 하늘에 그늘이 없는 희고 작은 구름덩이가
촘촘히 흩어져 나타나는 구름'이다. 예시에서 '조개구름'은 '구름은 조
개와 같은 구름이다'라는 뜻으로 이해될 수 있다. 여기서 조개의 크기
와 모양을 구름에 부여한 은유적 표현이다.

근원영역: 조개		목표영역: 구름
조개	⟶	구름
조개 모양	⟶	모양
조개의 크기	⟶	크기
먹을 수 있다		이동성
……		……

14) 나비의 날개처럼 펼쳐진 구름은 나비다.

(50) 바람이 불어오며 만들고 있는 **나비구름**이 기대된다.

(50)에서 '나비구름'은 명사 '나비'와 '구름'이 결합하여 구성된 명
사형 합성어이며 '날아가는 나비의 날개처럼 펼쳐진 구름을 비유적으
로 이르는 말'이다. 예시에서 '나비구름'은 '구름은 나비와 같은 구름이
다'라는 뜻으로 바꿀 수 있다. 예시에서 나비를 구름으로, 날아가는 나

비의 날개를 구름에 부여하고 된 은유 표현이다.

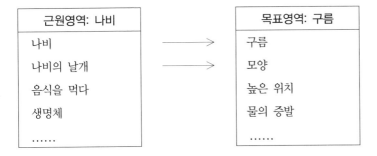

근원영역: 나비		목표영역: 구름
나비	⟶	구름
나비의 날개	⟶	모양
음식을 먹다		높은 위치
생명체		물의 증발
……		……

15) 구름은 양떼다.

(51) **양떼구름** 속 노을이 예뻐서 담아봤어요

(51)에서 '양떼구름'은 명사 '양떼'와 '구름'으로 결합하여 구성된 명사형 합성어이며 '높은 하늘에 크고 둥글둥글하게 덩어리진 구름'이다. 예시에서 '양떼구름'은 '구름은 양떼와 같다'라는 뜻으로 바꿀 수 있고 '구름'은 목표영역이 되고, '양떼'는 근원영역으로 된다. '양떼구름'은 양의 크기를 구름의 크기로, 양의 덩어리를 구름의 모양으로 사상하여 형성된 은유표현이다.

근원영역: 양		목표영역: 구름
양	⟶	구름
양의 크기	⟶	구름의 크기
양 덩어리	⟶	구름의 모양
물을 먹기		변화
……		……

위의 한국어 '구름'의 어휘종류는 모두 15개로 지금까지 이를 분석하였다. 이상의 어휘들은 모두 '구름'을 목표영역으로 삼은 어휘이다. 표로 정리하면 아래와 같다.

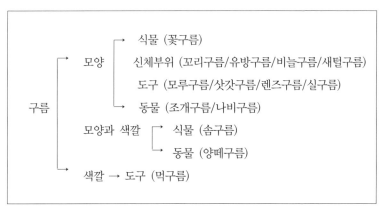

<그림 5> '구름'의 의미 확장 도식

3.2.2. '구름' 관련 표현

이 항에서 주로 개념적 은유를 통해서 '구름'에 관련된 표현을 분석하고자 한다. 이 항에서 '구름'은 목표영역과 근원영역 두 가지로 나누어 논의하도록 하겠다.

1) '구름'을 목표영역으로 삼은 표현

(52) 화면에 흰 연기가 펑 터지면 홀연히 나타났다가 **구름을 타고** 하늘을 날아가는 **홍길동** 영화인 <피아골>이 극장에 붙었고.

(52)에서 동사 '타다'의 원의미는 사람이 이동수단에 몸을 얹어 한 곳에서 다른 곳으로 이동하는 동작인데 실제로 구름은 탈 수 있는 대상이 아니다. 원래 이동수단을 타는 주체인 사람이 대상인 이동수단을 이용하여야만 '타다'라는 표현을 쓸 수 있다. 구름은 하늘에서 떠다니는 속성이 있다. 상상에서나, 소설, 예를 들어 '홍길동'이 구름에 떠서 이동하는 모습은 승객들이 이동수단 위에 얹어 이동하는 것과 유사하다. 이러한 이동수단이 승객을 태우고 이동시키는 것을 구름이 사람 등의 무언가를 싣고 이동하는 것으로 사상한다.

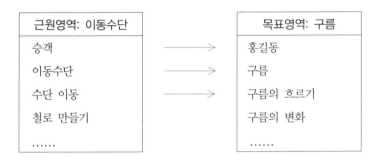

근원영역: 이동수단	목표영역: 구름
승객 →	홍길동
이동수단 →	구름
수단 이동 →	구름의 흐르기
철로 만들기	구름의 변화
……	……

그러므로 (52)에서 이동수단이 근원영역이 되고, 구름은 목표영역으로 된다.

(53) ㄱ. 먼 하늘에 흰 **구름이 흘러가고** 있었다.

ㄴ. 산천도 옛 모습을 잃었고 **흐르는 구름** 또한 옛 구름은 아니로되 이 잿빛 고뇌는 여전히 중생들의 삶을 꿰뚫고 있습니다.

(53)중에 '흐르다'는 액체가 높은 곳에서 낮은 곳으로 내려가거나 넘쳐서 떨어지는 것을 뜻하는 동사이다. 이 어휘는 상부터 아래로 흐

르는 방향성을 내재하고 있다. 구름은 하늘에 떠 있는 것을 속성으로 가지고 바람에 의해 좌우로 수평이동한다. 이것은 우리 인지과정에서 상하 이동을 수평이동으로 사상한다. 그리하여 '구름'이 '바람'에 의해 공중에서 이동하는 과정을 액체가 이동하는 과정과 유사하게 여겨 액체로 개념화한다.

근원영역: 액체		목표영역: 구름
그릇	⟶	하늘
액체	⟶	구름
액체의 흐름	⟶	구름의 흐름

(54) 꽃봉오리처럼 **부드러운 구름** 사이로 은빛 같은 하얀 비행기 두 대가 북쪽을 향해서 자취를 감추며 날아갔다.

구름은 하늘에 떠 있어서 사람들이 만질 수 없고 눈으로만 볼 수 있는 것이다. (54)에서 '부드럽다'는 손으로 만져야 알 수 있는 촉각 형용사이다. 여기서는 구름이라는 대상을 시각의 대상에서 촉각의 대상으로 전이하고 있다.

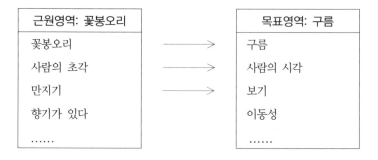

근원영역: 꽃봉오리		목표영역: 구름
꽃봉오리	⟶	구름
사람의 초각	⟶	사람의 시각
만지기	⟶	보기
향기가 있다		이동성
……		……

'구름'을 목표영역으로 삼은 표현은 정리하면 아래 그림과 같다.

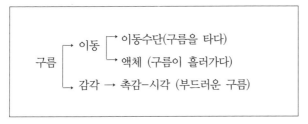

〈그림 6〉 '구름'을 목표영역으로 삼은 표현

2) '구름'을 근원영역으로 삼은 표현

(55) ㄱ. 말을 탄 장수를 따라 군사들은 **먼지구름**을 일으키며 물밀
     듯 아래 길로 몰려갔다.

   ㄴ. 거대한 **흙구름**이 도로를 뚫고 솟구쳐 오릅니다.

(55)에서 '먼지구름'과 '흙구름'은 다 '먼지가 구름과 같다'라는 뜻
으로 이해할 수 있다. '구름'은 공중의 수분이 엉긴 것인데 '먼지구름'
과 '흙구름'은 구성요소가 수분이 아니고 먼지이다. '먼지구름'은 명사
'먼지'와 '구름'로 구성된 합성어이고 '구름처럼 뽀얗게 일어나는 흙먼
지'이다. '흙구름'은 명사 '흙'과 '구름'으로 결합하여 형성된 명사형 합
성어이며 '구름처럼 높이 떠오른 흙먼지의 흐름'다. 두 어휘는 다 구름
의 물방울29)은 그의 크기가 작은 특성으로 먼지에 부여하여 물방울이
많이 집합하는 모양은 먼지가 밀집하게 모여 있는 것으로 사상된다.
이리하여 겉으로 보기에 구름처럼 높이 떠오른 먼지는 '먼지구름'과

---

29) 구름은 기화된 물이 높은 고도에서 다시 엉긴 것이기에 실제로 '방울'의 특성을 가지
   지 않지만 인간은 마치 그것을 물방울 인 것처럼 인지한 표현들이 많다

'흙구름'으로 표현할 수 있다.

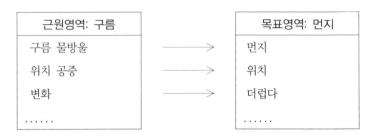

근원영역: 구름		목표영역: 먼지
구름 물방울	⟶	먼지
위치 공중	⟶	위치
변화	⟶	더럽다
……		……

이와 같이 (55)는 근원영역의 구름을 목표영역의 먼지로 사상한 은유표현이다.

(56) 조금 전까지 보이던 산은 금방 **구름옷**을 입는다.

(56)는 '옷'은 우리의 알몸을 노출도지 않도록 입는 것이다. '구름옷'은 산의 모습을 감춰지는 형상에 대한 표현이다. 여기서 구름이 산을 둘러싼 모양은 산이 감추어지고 보이지 않게 되는 형상은 사람이 옷을 입고 노출되지 않는 것과 유사하며 이에 의해 개념화가 이루어진다. 즉 '옷'의 특성을 '구름'에 사상한 것이다.

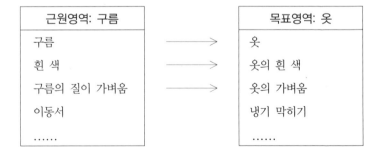

근원영역: 구름		목표영역: 옷
구름	⟶	옷
흰 색	⟶	옷의 흰 색
구름의 질이 가벼움	⟶	옷의 가벼움
이동서		냉기 막히기
……		……

이와 같이 (56)에서 '구름'은 근원영역이 되고 '옷'은 목표영역으로 된다.

(57) ㄱ. 웹 페이지나 정당 사이트만 차려놓으면 **방문자가 구름**처럼
찾아들리라 믿고 바깥세상과의 쌍방통행을 잊은 것이다.

ㄴ. 더운 여름철인데도 **관람객들이 구름 떼**처럼 몰려왔습니다.

구름은 그 형태적 특징에 의해 양이 많은 것으로 인식된다. (57)에
서 수많은 '방문자', '관람객'은 사방에서 한꺼번에 한 장소에 몰려오
는 상황은 근원영역인 구름이 한 곳에 모여 있는 것과 같다. '웹 페이
지'와 '관광지'의 매력이 사람의 이동의 동기가 되고 '바람'은 구름이
흐르는 원인이 된다. 여기서 구름의 특징인 양의 많음을 사람에 부여
한다.

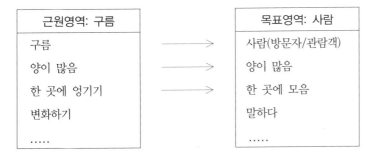

근원영역: 구름	목표영역: 사람
구름	사람(방문자/관람객)
양이 많음	양이 많음
한 곳에 엉기기	한 곳에 모음
변화하기	말하다
……	……

이와 같이 (57)에서 '구름'은 근원영역이 되고 '사람'은 목표영역으
로 삼은 은유표현이다.

(58) ㄱ. **부귀와 공명**은 평생 바라보아도 뜬구름이고 흘러가는 강물
일 뿐이다.

ㄴ. **세상사 뜬구름**과 같다.

ㄷ. 이 아까운 깨끗한 젊은이를 그대로 **출세라는 뜬구름** 속에
　　날려 보낼 것인가?
ㄹ. 그저 별 걱정 없이 마음 내키는 대로 **뜬구름**처럼 살아가는
　　인생이라고 생각하고 있는 것이다.

　　높은 하늘에 떠 있는 구름은 바람에 의해서 늘 움직이고 순식간에
흩어져버린다. 구름의 이런 특징에 의해 (58)에서 '뜨다'는 굉장히 불
안정한 상태를 의미하게 된다. '뜬구름'은 형용사 '뜨다'와 명사 '구름'
과 구성된 합성어이며 그 뜻은 하늘에서 떠다니는 구름이다. '뜬구름'
은 하늘에서 바람에 의해 움직이고 흩어지는 불안정성을 지닌다. 예시
에서 높은 추상적인 '부귀와 공명, 세상사, 출세, 인생' 등은 개인이나
사회 등 원인으로 인해 정하지 않고 삽시간에 없어질 수 있는 특성이
'뜬구름'의 속성과 유사하다. 이로써 이런 추상적인 덧없는 세상일과
관한 표현을 구름으로 개념화한다.

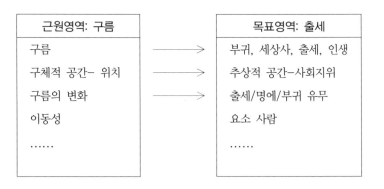

근원영역: 구름	목표영역: 출세
구름 　　　　　　⟶	부귀, 세상사, 출세, 인생
구체적 공간- 위치 ⟶	추상적 공간-사회지위
구름의 변화 　　　⟶	출세/명예/부귀 유무
이동성	요소 사람
……	……

　　이와 같이 (58)에서 '구름'을 근원영역으로 삼고 '부귀와 공명, 세상
사, 출세, 인생' 등을 목표영역으로 삼는다.

(59) 먼 길을 **구름**처럼 떠도는 한 **과객**이 저녁 때 어떤 마을을 찾아들었다.

이 예문은 근원영역을 구름으로, 목표영역을 사람으로 삼은 은유표현이다. 구름은 바람에 따라 이동하는 특성이 있고 또 어디까지나 어느 방향으로 갈지 예측하기 힘들다. (59)의 예문에서 볼 수 있듯 사람이 여기 저기 목표가 없이 다니는 것이 구름의 특성과 비슷하다. 즉 구름의 흐름과 이동의 방향을 정할 수 없는 점과 사람이 이동하는 것과 이동의 방향성 없이 다니는 모습의 유사성에 근거하여 은유한 것이다. 여기서 구름은 사람으로, 구름의 흐르는 모습을 사람의 이동으로 은유하는 것이다.

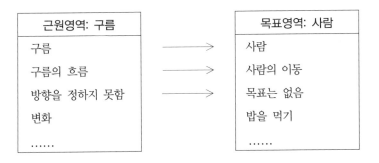

(60) ㄱ. **남북 관계의 먹구름**
　　ㄴ. 민노당 'MB병정' 안상수 선출돼 **국회에 먹장구름 몰려왔다**.
　　ㄷ. 내년 **수출** 전선도 **먹구름이**라니
　　ㄹ. **전쟁의 먹구름**이 순식간에 한반도를 뒤덮었다.
　　ㅁ. 그야말로 봉건시대에 3대를 멸하듯이 연좌제로 **집안** 전체에 **먹구름이 에워싸는** 것이었다.

ㅂ. 그러나 내 **마음은 먹구름**이었습니다.

ㅅ. 이렇게 서두를 꺼내는 이동욱의 **안색**에 **먹구름이 가득했**다.

ㅇ. 차별 받는 여자의 **불평과 불만이 먹구름**처럼 쌓여 세상을 어
둡게 합니다.

먹구름은 '먹'과 '구름'으로 구성된 명사형 합성어이다. '먹'은 앞에
언급한 것과 같이 '검은 물감'이라는 뜻이다. 이 먹빛같이 시꺼먼 구름
때문에 하늘 위에 무엇이 있는지도 모르고 사람에게 어둡고 무거운 느
낌을 준다. (60ㄱ-ㅁ)에서 '구름'은 '국제 관계, 정치, 전쟁, 집안'의
부정적인 분위기를 의미한다. '국제 관계, 정치, 전쟁, 집안'의 분위기
가 긴장하여 앞으로 어떤 안 좋은 방향으로 발전할지 예측 불가능하
다. 이것은 '먹구름'이 하늘을 덮어 하늘 위의 것을 차단하여 볼 수 없
었던 경험에서 비롯되는 개념이다. (60ㄱ-ㅁ)에서 '구름'은 분위기로
인해 앞이 캄캄하고 일의 전망도 좋지 않은 상태가 이어지는 의미의
표현으로 전이해 나간다. (60ㅂ)번과 (60ㅅ)에서는 하늘에 구름이 가
득 낀 상황을 가지고 사람이 가지는 부정적 감정이나 안색이 흐린 것
을 표현한다. 즉 날씨는 사람의 마음과 얼굴로 여기고 구름은 사람의
의심과 흐린 표정으로 개념화한다. 이 특성은 사람의 인지 활동을 통
해 구름의 인지의 경험은 추상적인 '마음, 안색' 등으로 확장해 나간
다. (60ㅇ)은 근원영역의 '구름'을 목표영역의 '불평'으로 사상한 은유
표현이다. '먹구름'이 끼면 하늘을 덮어버려서 날씨가 어두워진다. '불
평과 불만'이 마음속에 차면 아름다운 기분을 덮어줄 것이다. 이런 경
험을 가지고 구름의 특성은 추상적인 불평에 부여한다. 여기서 먹구름
은 불평으로, '먹구름'이 끼는 것은 불평이 쌓이는 것으로 사상한다.

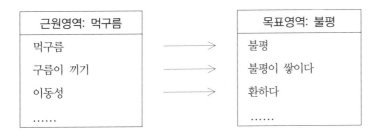

(61) 완도군, 서망산 보행가교 '서망산 **구름다리**'로 명명.
(내외뉴스통신 2018.02.13.)

구름은 높은 공중에 떠 있어 그 위치가 높다. (61)에서의 '구름다리'
는 명사 '구름'과 '구름'으로 결합하여 구성된 명사형합성어이며, '철길
이나 산골짜기 따위를 건너질러 공중에 높이 걸려 있는 다리'이다. 구
름과 다리는 서로 다른 영역의 개념이라 구름이 높은 하늘의 떠 있는
위치의 유사성에 근거한 은유이라고 볼 수 있다.

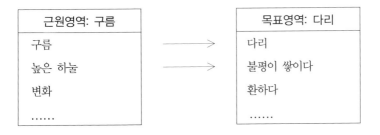

한국어 '구름'을 근원영역으로 삼은 표현은 주로 '구름'의 모양, 변
화, 이동성, 영향, 양의 많음과 위치의 높음에 의해서 의미 확장을 실
현한다. 그림으로 정리하면 아래와 같다.

```
          모양  → 먼지(먼지구름/흙구름
          가리기 → 옷(구름옷)
          변화  → 세상사/인생/부귀/공명(뜬구름)
  구름    이동성 → 사람(사람이 구름처럼 떠돌면서)
          영향  → 관계/정치/경제/전쟁/집안 분위기/마음/의심/
                  불평과 불만
          양이 많음 → 방문자/관람객
        → 높은 위치 → 다리의 위치
```

〈그림 7〉 '구름'을 근원영역으로 삼은 표현

3.3. 비

이 절에서는 '비' 어휘의 종류와 '비' 관련 표현을 개념적 은유를 기준으로 하여 정리해 보고자 한다.

3.3.1. '비' 어휘의 종류

이 항에서는 '비' 어휘의 종류와 '비' 관련 표현을 인지언어학 이론을 기준으로 하여 분석해 보고자 한다.

1) 안개비, 2) 이슬비, 3) 가루비(가랑비), 4) 실비, 5) 채찍비,
6) 달구비, 7) 작살비, 8) 장대비, 9) 여우비, 10) 도둑비,
11) 약비, 12) 단비

1) 빗줄기가 매우 가늘고 부옇게 보이는 비는 안개다.

(62) 굵던 비는 차차 **안개비**로 변하여 포실포실 내린다.

(62)에서 '안개비'는 명사 '안개'와 '비'으로 결합하여 구성된 명사형 합성어이며, '내리는 빗줄기가 매우 가늘어서 안개처럼 부옇게 보이는 비'이다. 이러한 현상은 비도 아니고 안개도 아닌데 비에 종류에 넣어야 할 것인지 말 것인지 의문을 가진 학자가 많았다. 본인은 이것을 비 종류에 넣겠다. 왜냐하면 안개의 가늘고 부옇게 보이는 모습이 비 줄기가 아주 가늘고 부유스름하게 보이는 현상과 유사하고 이에 근거하여 사상하기 때문이다.

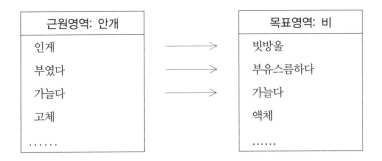

(62)로 보면 '안개'는 근원영역이 되고, '비'는 목표형역이 된다.

2) 가늘게 내리는 비는 이슬이다.

(63) 아침부터 시작하여 온종일 내린 **이슬비**에 대지가 촉촉하게 젖었다.

(63)중에 '이슬비'는 명사 '이슬'과 '비'로 구성된 명사형 합성어이며, '아주 가늘게 내리는 비'이다. '빗방울'의 가늘고 투명하다는 특성은 '이슬'의 동글고 윤기가 나고 투명한 특징과 유사하다. '이슬'의 이런 특성을 '비'에 사상하여 '이슬비'라는 개념적 은유를 형성한다.

근원영역: 이슬	목표영역: 바람
이슬 ⟶	빗방울
동글다 ⟶	동글다
가늘다 ⟶	가늘다
고체	액체
‥‥‥‥	‥‥‥‥

3) 가늘고 부스러지듯이 내리는 비는 가루(가랑)다.

(64) ㄱ. 칠월의 첫날 **가루비**가 내리다.

　　ㄴ. 아침부터 **가랑비**가 흩뿌리고 있다.

(64ㄱ)에서의 '가루비'가 명사 '가루'와 '비'로 구성한 명사형 합성어이며, '가루처럼 가늘고 부스러지듯이 내리는 비'이다. (64ㄴ)에서의 '가랑비'의 옛말인 'ㄱ랑비'는 17세기 문헌에서부터 나타난다. 'ㄱ랑'은 "가루"를 의미하는 명사 'ㄱ르'에 접미사 '-앙'을 결합한 것으로 추정된다.30) '가루'를 의미하는 'ㄱ르'에 '비'를 결합하여 'ㄱ랑비'를

---

30) 『우리말샘』현대 국어 '가랑비'의 옛말인 'ㄱ랑비'는 17세기 문헌에서부터 나타난다. 18세기에 제1음절에 있는 모음 'ㆍ'가 'ㅏ'로 변하는 'ㆍ'의 제2차 소실이 일어났는데 'ㄱ랑비'도 이러한 변화를 겪어 '가랑비'가 되었다. 문헌으로는 19세기부터 '가랑비'가 나타나기 시작하여 현재에 이르렀다. 'ㄱ랑비'는 'ㄱ랑'에 명사 '비'가 결합한 것이다. 'ㄱ랑'은 "가루"를 의미하는 명사 'ㄱ르'에 접미사 '-앙'이 결합한 것으로 추

형성된다. (64)에서 '가루'의 크기가 작구 굵기가 가늘다는 특성은 '빗방울'과 유사하다. 이러한 유사성을 통해서 '가루'의 특성이 '비'에 개념적으로 부각된다.

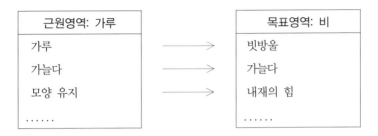

위의 분석을 통해 보면, 비의 종류 중 1)번부터 3)번까지의 비는 모두 빗줄기가 가늘다는 특성이 있다. 그 정도에 따라 1)번의 '안개비'는 빗줄기가 제일 가늘고 그 다음은 2)번의 '이슬비', 마지막으로 3)번의 '가루(가랑)비'는 이 세 가지 비 중에 빗줄기가 제일 굵은 비이다.

4) 보슬보슬 내리는 비는 실이다.

(65) 신록 위에 보슬보슬 **실비**가 내려 밀밭 보리밭과 푸성귀밭을 촉촉이 축였다.

(65)에서 '실비'가 명사 '실'과 '비'로 구성된 명사형 합성어이며, '실

정된다. 이는 '벼룻(崖)'에 접미사 '-앙'이 결합하여 '벼랑'이 된 것과 같은 것이다. 15세기에는 "가랑비"를 의미하는 어휘로 'ㄱ르비'가 쓰였는데 'ㄱ르비'는 "가루"를 의미하는 명사 'ㄱ른'에 '비'가 결합한 것으로 보이는데, 이때 모음 사이에서 'ㅂ'이 'ㅸ'으로 유성음으로 바뀐 것이다.
『오픈사전』'가랑비'의 어원: "고어형" 가라비(1, 2음절의 모음은 아래아, 3음절의 ㅂ은 ㅂ순경음)" 구성 " 가라(粉, 가루)+비(雨) (합성어), " 관련 어휘 " 가랑눈, 가랑니, 가랑무, " 어원의 " 가루 --> 작다(小) (의미변화가 일어남).

같이 가늘게 내리는 비'이다. '실 같은 비이다'라고 풀어서 이해할 수 있다. 인지언어학적 시각으로 '실'의 가는 특성은 '비' 줄기가 가늘다는 것과의 유사성을 통해서 '실-비'의 은유적 관계를 이룬다. '실'은 가늘고 가벼운 특성은 비에 사상된다.

근원영역: 실	목표영역: 비
실	빗줄기
가늘다	가늘다
고체	액체
……	……

'안개비, 이슬비, 가랑비, 가루비'는 다 소리 없이 가늘고 보슬보슬 내리는 비이다. 한국 사람들은 이러한 비를 총칭하여 '실비' 또 의성의태어를 활용하여 '보슬비'라고도 부른다. '안개비, 이슬비, 가랑비, 가루비, 실비'는 빗줄기의 굵기에다 투사한 어휘이다. 여기까지 빗줄기가 가는 비의 이름을 분석하였는데, 다음의 5)부터 8)번까지는 빗줄기가 굵은 비의 이름을 보기로 하자.

5) 굵고 세차게 쏟아져 내리는 비는 채찍이다.

(66) 목멱산에 **채찍비**를 맞고 열흘 꼬박 사경을 헤맸지…

(66)에서 '채찍비'는 명사 '채찍'과 '비'로 구성한 합성어이며, '채찍을 내리치듯이 굵고 세차게 쏟아져 내리는 비.' 여기서 '채찍 같은 비'라고 이해할 수 있다. 인지언어학 입장에서 '비'가 내릴 때의 힘과 모

양이 '채찍'을 내리치는 세찬 힘과 본 모양의 유사성을 통해서 '채찍-비'의 은유적 관계로 파악된다.

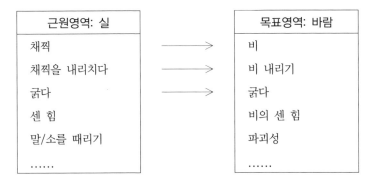

근원영역: 실		목표영역: 바람
채찍	⟶	비
채찍을 내리치다	⟶	비 내리기
굵다	⟶	굵다
센 힘		비의 센 힘
말/소를 때리기		파괴성
……		……

6) 아주 굵게 죽죽 쏟아지는 비는 달구다.

(67) **달구비**가 쏟아지는 언덕길을 검은 비옷을 입은 한 사내가 뚜벅 뚜벅 걸어 내려오고 있었다.

(67)에서 '달구비'는 명사 '달구'와 '비'로 결합하여 구성된 합성어이며, '빗발이 아주 굵게 죽죽 쏟아지는 비'이다. '달구'는 '땅을 단단히 다지는 데 쓰는 기구'이다. 여기서 '달구 같은 비'라고 할 수 있다. 인지 언어학적 견해로 보면 '달구'로 땅을 다지는 과정과 그것을 들어 올렸다가 내려놓을 때의 힘은 '비'가 몹시 힘이 있게 쏟는 형상과 유사성이 있다. 이러한 유사성을 통해서 '달구'의 특성을 '비'에 사상하여 형성된 개념적 은유이다.

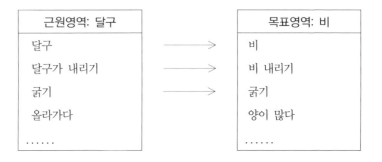

7) 매우 굵고 줄기차게 쏟아지는 비는 작살이다.

(68) 캄캄해지더니 **작살비**가 세차게 내리기 시작했다 비가 내리니 얼
마나 가슴이 후련해지던지……

(68)에서 '작살비'는 명사 '작살'과 '비'로 결합하여 구성된 합성어이
며, '작살처럼 매우 굵고 줄기차게 쏟아지는 비'이다. '작살'의 굵기와
'비'의 빗줄기 사이의 유사성을 통해서 '작살-비'의 은유적 관계가 형
성된다. 즉 '작살'은 비로, '작살'의 굵기를 비의 빗줄기로 사상한다.

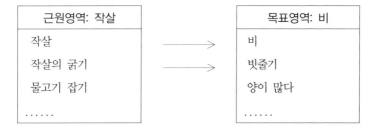

8) 긴 대나무 굵기 같이 세차게 내리는 비는 장대다.

(69) 장**대비**가 내리치다

(69)에서 '장(長)대(竹)비'는 형용사 '장'과 명사 '대' 그리고 '비'로 결합하여 구성된 합성어이며, '굵고 억세게 내리는 비'이다. '대'의 굵기를 빗줄기의 형태로 사상하여 형성된다.

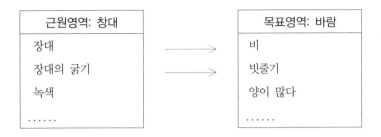

근원영역: 창대		목표영역: 바람
장대	⟶	비
장대의 굵기	⟶	빗줄기
녹색		양이 많다
……		……

여기까지는 빗줄기의 굵기로 이름을 붙이는 비 이름을 분석하였다.

9) 한 여름 햇볕이 난 날에 잠깐 오는 비는 여우다.[31]

(70) **여우비**가 온 끝이라 개울가의 풀들이나 물빛이 더욱 뚜렷하였다.

(70)에서 '여우비'는 명사 '여우'와 '비'로 구성한 명사형 합성어이며, '햇볕이 난 날에 잠깐 흩뿌리다가 마는 비'를 말한다. '여우비'는 또 '여우같은 비다'로 이해할 수 있다. 여기서 여우라는 동물은 행동이 민첩해서 금방 눈앞에 나타났다가 순식간에 사라져버리는 특징이 있다. 여기서 여우는 비로, 여우의 동작 민첩성은 햇볕이 있는 날에 비가 왔다가 순식간에 그치는 것에 부여하여 은유를 이룬다.

---

31) 한국에서는 햇볕이 나는 상태에 잠깐 오는 비를 젊은 층에서 '여우비'라고 했는데 비가 내리는 시간성을 보여준다. 그러나 중국에서는 '太陽雨'라고 이름을 붙여서 비가 올 때 해가 떠 있는 정보도 이름에 보여준다. 한국 사람들은 '여우비'라기도 하고 이러한 비가 내릴 때는 '호랑이가 장가 간다.'라든가 '여우가 시집 간다'라는 표현을 쓰고 있다.

근원영역: 여우		목표영역: 비
여우	$\longrightarrow$	비
여우의 민첩성	$\longrightarrow$	비의 짧은 시간
성격이 교활하기	$\longrightarrow$	양이 많음
……		……

10) 아무도 모르는 시간에 오는 비는 도둑이다.

(71) 새벽에 **도둑비**가 내렸나 봐요.

(71)중에 '도둑비'는 명사 '도둑'과 '비'로 구성된 명사형 합성어이며, 밤에 몰래 살짝 내리는 비라고 한다. '도둑'은 남의 물건을 훔치거나 빼앗는 따위의 나쁜 짓을 하는 사람이고 나쁜 짓을 할 때 다른 사람들 몰래 일을 진행한다. 밤에 오는 비는 사람들이 자는 사이에 오기 때문에 비가 오는 것을 알지 못한다. 이러한 특징은 도둑이 몰래 일을 진행하는 것과의 유사성을 가진다고 인식하여 '도둑비'32)라는 은유표현을 사용한다.

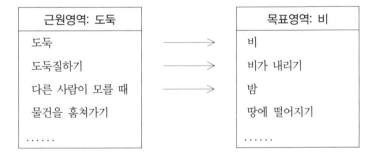

근원영역: 도둑		목표영역: 비
도둑	$\longrightarrow$	비
도둑질하기	$\longrightarrow$	비가 내리기
다른 사람이 모를 때	$\longrightarrow$	밤
물건을 훔쳐가기		땅에 떨어지기
……		……

---

32) 그리고 이 때 또 하나의 특징을 가진다. 도둑이 하는 일은 부정적인 일이라는 인식이 있으나 밤에 오는 비가 비유할 때는 그러한 부정적 인식을 내포하지 않는다.

11) 봄의 농사에 도움을 주는 비는 약이다.

(72) 봄비는 **약비**라고 합니다.

(72)에서 '약비'는 명사 '약'과 '비'로 결합하여 구성된 명사형 합성어이며, '약이 되는 비라는 뜻으로, 꼭 필요한 때에 내리는 비'이다. 여기서의 의미는 봄 제일 중요한 시간에 농작물에 약이 될 때 내리는 비를 말한다. 비는 농작물의 보약을 주는 것은 약의 효용과 유사해서 약은 비로 약의 영양은 빗물로 사상한 것이다.

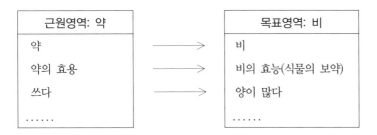

근원영역: 약	목표영역: 비
약	비
약의 효용	비의 효능(식물의 보약)
쓰다	양이 많다
……	……

12) 필요할 때 내리는 비는 단 음식이다.

(73) 휴일인 오늘은 전국이 흐린 가운데 중서부지방에는 오후 한때 약하게 **단비**가 내릴 것으로 보입니다.

(73)에서 '단비'는 형용사 '달다'와 명사 '비'로 구성된 명사형 합성어이며, '가뭄에 곡식이 다 마를 때에 기다렸다가 오는 비'라고 한다. 단 맛은 음식이 가지는 긍정적인 속성이며 이러한 인식은 비가 제때로 오는 긍정적인 시간과 유사하다. 음식을 비로, 단 맛을 비가 곡식에 갈증을 풀어주는 것으로 사상한다.

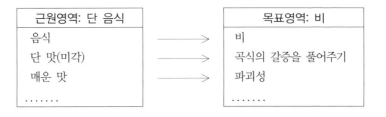

근원영역: 단 음식	목표영역: 비
음식	비
단 맛(미각)	곡식의 갈증을 풀어주기
매운 맛	파괴성
…….	…….

여기서 '약비'나 '단비'나 똑 같은 얘긴데 다만 비를 '약에다 투사했냐' '음식에 투사했냐'의 차이다. 한국에서 '약비'는 옛날 어른이나 농사를 짓는 농민들이 자주 쓰는 말이다. 대체적으로 '단비'와 같은 의미로 사용한다.

이상으로 한국어 '비'의 어휘종류 10개를 분석하였고 그 어휘들은 모두 '비'를 목표영역으로 삼은 어휘이다. '비'의 빗줄기에 근거하여 빗줄기가 가늘면 '안개비, 이슬비, 가루비, 가랑비, 실비'로 나누고, 빗줄기가 굵으면 '채찍비, 달구비, 작살비, 장대비'로 나눈다. '비'가 내리는 시간에 여우의 동작 민첩성에 의해서 햇볕이 있는 동안 내리는 비가 '여우비', 밤에 사람들이 모르는 시간에 내리는 비가 '도둑비'이고, 꼭 필요할 때 내리는 비는 '약비, 단비'이다. 그림으로 정리하면 아래와 같다.

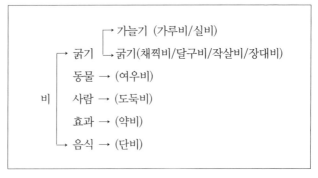

〈그림 8〉 '비'의 의미 확장 도식

3.3.2. '비' 관련 표현

이 항에서 주로 개념적 은유를 통해서 '비'에 관련된 표현을 분석하고자 한다. 이 항에서 '비'를 목표영역과 근원영역 두 가지로 나누어 논의하도록 한다.

1) '비'를 목표영역으로 삼은 표현

(74) 갑자기 **비가 쏟아져서** 우리는 비를 피하려고 가게에 들어갔다.

(74)에서는 '비'가 위에서 아래로 이동하는 것을 '내리다/오다'라고 하는 것을 1차적으로 표현한 것이다. 이러한 화자 중심표현일 때의 표현을 전부 위에서 아래로 '오다'로 통일된 것을 알 수 있다. '쏟아지다'라는 단어는 액체가 들어 있는 그릇에서 한꺼번에 바깥으로 나오는 것이다. '비가 쏟아지다'라고 하면은 '비가 내리다/비가 오다'보다 더 많은 양의 비가 오는 것을 말한다. 예시는 '그릇도식'의 전형적인 표현이다. 즉 비가 한꺼번에 내리는 것을 바로 액체가 그릇에서 밖으로 나오는 것에서 사상한 것이다.

근원영역: 액체		목표영역: 바람
액체	$\longrightarrow$	비
그릇	$\longrightarrow$	하늘
쏟아지다	$\longrightarrow$	하늘에서 내리기
음식		가늘다
……		……

2) '비'를 근원영역으로 삼은 표현

(75) **가랑비에 옷 젖다**.

(75)에서 '가랑비에 옷 젖다'에서 '가랑비'는 가늘게 내리는 비이다. 이러한 가늘게 내리는 비는 조금씩 옷에 젖어 들기 때문에 옷이 젖으려면 오랜 시간이 필요하다. 이러한 비는 양이 적어서 비에 신경을 따로 쓰지 않으면 옷이 젖을 때까지 깨닫지 못하는 정도이다. 비의 이러한 특성을 사소한 일에 사상하여, 아무리 사소한 일에 심취했을 때도 그것이 거듭되면 무시하지 못할 정도로 크게 됨을 깨달았을 때를 은유적으로 표현한 말이다.

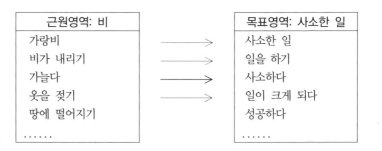

비는 물방울이 하늘에서 떨어지는 모양에 의해 '많고 빠르다'의 특성을 지닌다. 특히 비가 한꺼번에 많이 오는 경우, 떨어지는 물방울의 밀도가 더 크다. 비의 이런 특성을 빌려서 다른 영역의 현상들을 개념화한 경우가 많다.

(76) ㄱ. 그의 얼굴에 **땀이 비 오듯** 쏟아진다.
　　 ㄴ. **눈물이 비 오듯** 쏟아지는데 그것을 숨기느라 무지 애썼다.

ㄷ. 35명이 낚아 올리는 **고기가 비 오듯** 갑판에 떨어진다.

ㄹ. 그러자 **비 오듯 쏟아지는 돌**은 순식간에 피투성이로 쓰러진 그녀를 덮어 버렸다.

ㅁ. 안강(安康), 기계(杞溪) 전투에 투입되어 곧장 **포탄이 비 오 듯** 떨어지는 최일선에서 그이 표현을 그대로 빌리자면...

ㅂ. **배꽃비** 흩뿌릴 때...

(76ㄱ-ㅁ)은 '땀, 눈'은 '비'의 물리적 구성요소인 물과 모양(방울)의 유사성, 그리고 '땀방울, 눈물방울'은 내리는 '많음' 속도 '빠름'을 사상하여 은유한 것이다. '고기, 돌, 포탄, 총알'은 사물 구성요소의 비와 유사성은 없지만 그 동적인 양상이 많고 빠르다는 점에서 유사성을 찾아 은유한 것이다. (76ㅂ)은 '꽃'은 땅으로 떨어지는 것을 비로 은유한 것인데, 이 때 속도의 '빠름'은 사상되지 않으나 꽃을 비로, 그들의 수량 '많음'과 땅으로 떨어지는 양상의 유사성에 의해 사상된 것으로 보인다. (76)을 도식으로 표현하고자 한다.

근원영역: 비		목표영역: 땀/고기
비	⟶	땀/눈물/고기/돌/포탄/배꽃
빗방울	⟶	덩어리
비가 내리기	⟶	땀 계속 쏟아지기
밀집성	⟶	밀집성
빗줄기 가늘다		짜다
......		......

이와 같이 (76)은 '비'는 근원영역이 되고 '땀, 눈물, 고기, 돌, 포탄, 총알, 꽃'들이 목표영역이 된다.

(77) ㄱ. **비바람 없이 사는 사람은 없다** 우리는 살아가면서 수많은 상처를 받으며 자라나는 꽃과 같다.

ㄴ. 맑은 날과 **비 오는 날**이 있는 자연처럼 우리 인생도 행복과 **불행**의 쌍곡선이 교차한다.

비는 계속 내리면 홍수가 되어 사람에게 재산의 손해 등의 나쁜 영향을 준다. (77ㄱ)의 '비바람'은 명사 '비'와 '바람'이 결합하여 구성된 합성어인데 본 의미는 비와 바람을 아울러 이르는 말이다. 예시의 '비'가 많이 내리면서 인간에게 준 손해는 인생에서 만나는 어려움과 유사하다. (77ㄴ)에서 '비 오는 날'의 '비'는 (77ㄱ)의 '비'와 같은 뜻으로 손해를 의미하고 이것은 불행으로 사상한다. 이와 같이 '비'의 부정적인 영향은 인생의 '어려움, 불행' 등과 유사성을 가져 시련 등에 사상한다. 즉 비는 시련으로, 사람들이 비가 가져온 부정적 영향에서 이탈하는 것은 각 시련을 극복하는 것과 유사성을 찾을 수 있다.

근원영역: 비		목표영역: 시련
비	⟶	시련
비가 내리기	⟶	시련을 받기
빗방울		힘들다
......		......

(78) (기분이 우울할 때) 나는 그날 한 줄기 **단비** 같은 스승의 **말씀**을 들었다.

비는 땅을 촉촉하게 적시고 식물에 물(영양)을 준다. 그렇기 때문에 농경사회에서 시기에 맞게 오는 비는 아주 긍정적으로 인식된다. (78)에서 '단비'는 형용사 '달다'와 명사 '비'로 구성된 명사형 합성어이며, '가뭄에 곡식이 다 마를 때에 기다렸다가 오는 비'라는 의미를 가진다. 단 맛은 음식이 가지는 긍정적인 속성이며 이것은 제때 오는 비의 긍정적인 인식에 사상한다. (78)에서 이러한 '단비'는 기다리고 바라던 일이 마침내 이루어진다는 의미를 가진다. '스승의 말씀'은 제자에게 준 격려이다. 이러한 '말씀'을 제자가 우울하고 낙심할 때 해주신 것이 '단비가 내리는 것과 유사하다. 그리하여 '단비'가 내리는 시간은 우울하던 시기로, 식물은 비를 기다리는 과정은 스승의 말씀을 기다리는 것에 사상하여 은유를 이룬다.

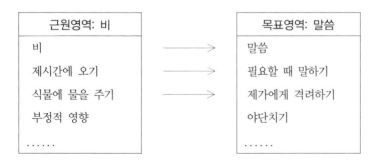

근원영역: 비	목표영역: 말씀
비	말씀
제시간에 오기	필요할 때 말하기
식물에 물을 주기	제가에게 격려하기
부정적 영향	야단치기
……	……

'비'를 근원영역으로 삼은 표현은 '비'의 양, 떨어지는 양상, 부정적 영향과 필요할 때 내리는 시간성에 의해서 밀집적인 것, 어려움, 필요할 때 일어나는 일 등을 표현한다. 그림으로 정리하면 아래와 같다.

```
        ┌→ 양이 적음(가늘기) (운동)
      → 양 └→ 양이 많음(굵기)(땀/눈물)
   비 │  떨어지는 동적인 양상 →  (고기/돌/포단/배꽃)
      │  부정적 영향 →  (사람/불행)
      └→ 시간 → 말씀/승진/자리(단비)
```

〈그림 9〉 '비'를 근원영역으로 삼은 표현

3.4. 눈

이 절에서는 주로 '눈' 어휘의 종류와 '눈' 관련 표현 두 가지로 나누어 인지언어학 이론을 기준으로 하여 분석해 보고자 한다.

3.4.1. '눈' 어휘의 종류

이 항에서 '눈' 어휘의 종류에 대해서 살펴보고 개념적 은유를 통해서 분석하도록 한다. 한국어에서 개념적 은유를 통해서 구성된 대표적인 '눈' 어휘를 아래 표와 같이 정리하였다.

> 1) 도둑눈, 2)함박눈, 3) 싸라기눈, 4) 가루눈

1) 다른 사람이 모를 때 내리는 눈은 도둑이다.

(79) 엊저녁의 맑음에 전혀 뜻밖의 눈세상 새벽 소리도 없이 **도둑눈이** 다녀가셨네요.

(79)에서 '도둑눈'은 명사 '도둑'과 '눈'으로 결합하여 구성된 명사형 합성어인데 밤사이에 사람들이 모르게 내리는 눈이다. 앞에 언급한 '도둑비'의 형성원리와 아주 유사하다. '도둑'은 남의 물건을 훔치거나 빼앗는 따위의 나쁜 짓을 하는 사람인데 이 나쁜 짓을 할 때 다른 사람들 몰래 일을 진행한다. 밤에 오는 눈은 사람들이 자는 사이에 오기 때문에 눈이 오는 것을 알지 못한다. 이러한 특징을 도둑이 몰래 일을 진행하는 것과의 유사성을 가진다고 인식하여 '도둑눈'이라는 은유표현을 사용한다.[33]

근원영역: 도둑		목표영역: 눈
도둑	⟶	눈
도둑질하기	⟶	눈이 내리기
다른 사람이 모를 때	⟶	밤
물건을 훔쳐가기		땅에 떨어지기
……		……

2) 함박꽃처럼 내리는 눈은 함박이다.

(80) 배꽃처럼 흩날리던 흰 눈은 어느새 **함박눈**이 되어 눈앞이 보이지 않을 정도로 펑펑 쏟아지고 있었다.

(80)에서 '함박눈'[34]은 명사 '함박'과 '눈'으로 구성된 명사형 합성

---

33) 그리고 이 때 또 하나의 특징을 가진다. 도둑이 하는 일은 부정적인 일이라는 인식이 있으나 밤에 오는 눈을 비유할 때는 그러한 부정적 인식을 내포하지 않는다.

34) 李庸周(1986)은 '함박눈'이 함박꽃송이처럼 굵고 탐스럽게 오는 눈이라고 주장한다. 이 해설은 함박눈이 함박꽃이 희고 큰 꽃처럼 눈송이가 크게 오는 것에 부여해 준 개념이다. 어원사전에서 '함박꽃'이라는 해석을 못 찾았지만 필자는 李庸周 씨의

어이며, 굵고 탐스럽게 내리는 눈이다. 여기서 '함박'은 '함박꽃'이고 '한박눈'은 눈꽃송이가 '함박꽃'의 '크다'와 '탐스럽다' 등 특성과 유사하다. 이러한 유사성에 의해 '함박눈'은 함박꽃의 희고 큰 특징을 눈송이가 크게 오는 것에 부여하여 개념화 된다. 여기서 '함박'은 근원영역이고, '눈'은 목표영역으로 된다.

근원영역: 함박꽃	목표영역: 눈
함박꽃 ⟶	눈
크다 ⟶	눈송이 크다
희다 ⟶	희다
탐스럽다 ⟶	탐스럽다
물을 담을 수 있다	녹다
……	……

3) 부스러진 쌀알처럼 내리는 눈은 싸라기다.

(81) 기온이 뚝 떨어지더니 오후가 되자 **싸라기눈**이 날리기 시작했다.

(81)에서 '싸라기눈'은 명사 '싸라기'와 '눈'의 결합으로 쌀알 같은 눈이다. '싸라기'는 '부스러진 쌀알'의 뜻이다. 여기서 실재물인 '부스러진 쌀알'은 눈의 부분인 피지 않은 눈송이의 크기와 색깔이 유사하다. 이런 유사성을 가지고 다시 눈의 작고 흰 색을 사상하여 은유한 표현이다.

설을 따라서 '한박눈'은 눈꽃송이가 '함박꽃'의 '크다'와 '탑스럽다' 등 특성과 유사하기 때문이다.

근원영역: 싸라기		목표영역: 눈
싸라기	⟶	눈
크기	⟶	피지 않는 눈송이의 크기
희색	⟶	희색
먹을 수 있다	⟶	녹을 수 있다
⋯⋯		⋯⋯

4) 방울의 형상화가 덜 된 모양으로 내리는 눈은 가루다.

(82) 젖빛 하늘에선 곧잘 떡가루 같은 **가루눈**이 포실댔다.

(82)에서 '가루눈'은 명사 '가루'와 '눈'으로 구성된 명사형 합성어이며, 방울의 형상화가 덜 된 모양으로 내리는 눈이다. '가루'의 크기와 높은 곳에서 떨어지는 모양은 가는 '눈'의 크기와 하늘에서 내리는 양상과 유사하다. 두 영역 사이는 이런 유사성을 통해서 '가루-눈'의 은유적 관계가 형성된다. 즉 '가루'의 가늘고 부스러지는 특성은 목표영역인 눈에 사상되어 부각된다.

근원영역: 가루		목표영역: 눈
가루	⟶	빗방울
가늘다	⟶	작다
모양 유지		녹을 수 있다
⋯⋯		⋯⋯

눈과 관련 어휘의 은유는 주로 눈의 모양과 색깔, 내리는 시간 세 가지로 나눌 수 있다.

```
      ┌→ 모양 (가루눈)
  눈 ─┤  모양과 색깔 (함박눈/싸라기눈)
      └→ 사람 (도둑눈)
```

〈그림 10〉 '눈'의 의미 확장 도식

3.4.2. '눈' 관련 표현

이 항에서 주로 개념적 은유를 통해서 '눈'에 관련된 표현을 분석하고자 한다. 이 항에서 '눈'은 목표영역과 근원영역 두 가지로 나누어 논의하도록 한다.

1) '눈'을 목표영역으로 삼은 표현

(83) **목화솜 같은 눈**[35])이 내린다.

(83)에서 '목화솜'은 목화에서 씨를 빼고 얻은 폭신폭신한 솜이다. 여기서 목화솜은 크고 흰 눈송이를 지칭하고 그의 특징인 흰 색상과 크기 그리고 폭신폭신한 특징을 눈송이의 크기와 색상에 사상한다. 유사성에 의한 은유표현임을 알 수 있다.

---

35) 이런 표현은 작가들이 자주 쓰는 표현이고 한국 일반인들이 '함박눈'을 더 많이 말한다.

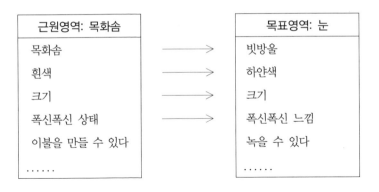

이와 같이 (83)에서 '목화솜'을 근원영역으로, '눈'은 목표영역으로 삼는다.

(84) 소리 없는 **눈들의 춤**은 환상의 세계로 손짓한다.

(84)에서 '바람'이 조금 불고 있는 것을 합의하고 있다. 이로써 눈이 '바람'에 흩날리는 모습을 '춤을 추다'라고 표현한다. '춤'은 무정물인 눈은 할 수 없고 사람만이 할 수 있는 동작이다. 이 예시는 눈을 사람의 춤사위와 눈송이가 바람에 의해 흩날리는 것의 유사성을 통해 은유한 표현이다.

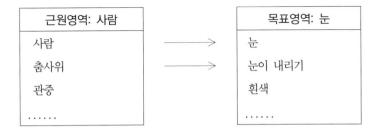

이와 같이 (84)에서 사람은 근원영역이 되고, 눈은 목표영역으로 된다.

'눈'을 목표영역으로 삼은 표현은 눈의 모양과 내리는 상태에 의해서 형성된다. 도식으로 정리하면 아래 그림과 같다.

2) '눈'을 근원영역으로 삼은 표현

(85) ㄱ. 순식간에 **소문이 눈덩이**처럼 번지지.

ㄴ. 말이란 게 워낙 속성이 그렇듯이 한번 뱉어진 것은 **눈덩이**처럼 부풀어가서.

ㄷ. 당장의 **적자재정**은 불가피하지만 재정적자가 **눈덩이**처럼 불어 나지 않도록 미리 계획을 세워 나라살림 규모와 씀씀이를 적절히 조절할 필요가 있다.

ㄹ. 준(準)예산인 각종 기금의 방만한 운영에 따른 **손실도 눈덩이**처럼 불어났다.

(85ㄱ, ㄴ)의 표현은 눈덩이를 굴리는 것과 소문이나 말을 전파하는 것과의 유사성을 바탕으로 한다. 눈덩이는 굴리면 굴릴수록 덩치가 커진다. 소문과 말의 전파 역시 사람을 거쳐 퍼져나갈 수록 범위가 넓어진다. 이러한 표현은 증가 양상의 유사성에 기인한 은유표현이다. 소문과 말을 목표영역으로 삼고 눈을 근원영역으로 삼는 표현이다.

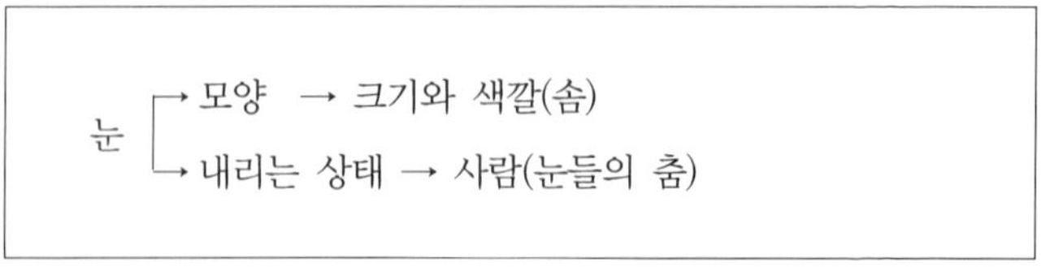

눈 ┌→ 모양 → 크기와 색깔(솜)
  └→ 내리는 상태 → 사람(눈들의 춤)

〈그림 11〉 '눈'을 목표영역으로 삼은 표현

(85ㄷ-ㄹ)은 경제적인 적자와 손실 등의 추상적인 양의 개념을 눈덩이의 부피와 같은 구체적인 양의 개념과의 유사성을 바탕으로 형성된 은유 표현이다. (85)의 '눈덩이'는 다 부정적36)인 은유표현이다. (85ㄷ-ㄹ)를 도식화 하면 아래와 같다.

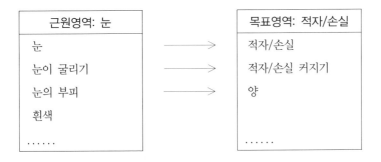

근원영역: 눈	목표영역: 적자/손실
눈	적자/손실
눈이 굴리기	적자/손실 커지기
눈의 부피	양
흰색	
……	……

(86) ㄱ. **회의와 갈등 눈 녹듯 녹아 내렸**으니, 봉사 눈 뜨듯 기뻐 용약
했네.

ㄴ. 이 목소리를 통해 친할머니와 외할머니의 **불화가 눈 녹듯
풀리**는 것도 매우 낯익은 일이다.

(86)에서 '눈이 녹다'라는 표현은 눈이 햇빛을 받아 따뜻해져서 눈이라는 상태가 사라진 것을 의미한다. 이와 같이(86)의 '회의와 갈등, 불화'가 사람의 설명 등을 통해서 풀리는 과정을 눈이 따뜻한 기운을 받아 녹는 것으로 은유한 것이다. (85)에서의 '눈덩이'는 자꾸 쌓이고 뭉치는데, '눈이 녹다'는 쌓였던 것을 녹여버리는 것이다. 그래서 '눈덩이'와 반대 개념이 되며 긍정적인 은유로 사용된다.

---

36) 한국어의 경우 '눈덩이'는 부정적인 은유표현에 많이 쓰고 있다. 그러나 중국에서는 부정분만이 아니고 긍정적인 은유표현도 많이 나온다. 이 부분은 대조 연구할 때 자세히 논의하겠다.

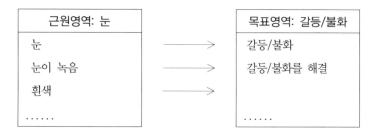

이와 같이 '갈등, 불화'는 목표영역으로, '눈'은 근원영역으로 간주된다.

한국어 '눈'을 근원영역으로 삼은 표현은 '눈덩이'가 쌓이는 것을 부정적으로 '말/소문/적자/손실' 등으로 확장해 나간다. 그리고 '눈 녹듯이'의 표현을 통해서 '회의/불화'로 확장해 나간다. 그림으로 정리하면 아래와 같다.

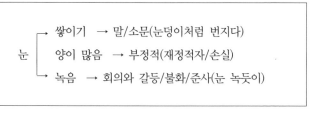

〈그림 12〉 '눈'을 근원영역으로 삼은 표현

제**4**장

중국어 날씨 어휘의 의미
확장 양상

제4장 중국어 날씨 어휘의 의미 확장 양상

4장에서는 개념적 은유를 통해서 연구대상인 중국어 '风', '雨', '雪', '云'의 어휘의 종류와 어휘와 관련 표현을 살펴보고자 한다.

4.1 风

이절에서 '风' 어휘의 종류와 '风' 관련 표현을 은유 이론을 가지고 분석하도록 한다.

4.1.1. '风' 어휘의 종류

이 항에서 '风' 어휘의 종류에 대해서 살펴보고 개념적 은유를 통해서 분석하도록 한다. 중국어에서 개념적 은유를 통해서 구성된 대표적인 바람 어휘는 아래 표와 같이 정리할 수 있다.

---

1) 悲风, 2) 龙卷风, 3) 上风, 4) 下风, 5) 狂风,

---

1) 슬픈 바람은 사람이다.

(87) 可是仿佛有一阵悲风, 隔着十万八千里从时代的深处吹出来。
(그러나 마치 한바탕의 슬픈 바람이 있듯이, 십만 팔 천리를 사이에 두고, 시대의 깊은 곳에서 불어났다.)

(87)번에서 '悲风'은 형용사 '悲'와 명사 '风'으로 구성된 명사형 합성어이다. 그 중에 '悲'는 '슬프다'라는 뜻인데 사람이나 동물들이 가질 수 있는 감정이다. 예문에서는 바람이 소리가 처량하고 날카롭다는 것을 의미한다. 바람은 감정이 없고 슬픔을 느낄 수 없는 존재이다. 그러나 인지는 이를 의인화하여 바람의 소리를 사람이 우는 슬픈 소리로부터 은유하여 개념화한다.

근원영역: 사람		목표영역: 바람
사람	⟶	风
사람이 우는 소리	⟶	바람의 소리
밥을 먹다	⟶	이동성
……		……

2) 나선형으로 부는 바람은 용이다.

(88) 龙卷风带来的危害防不胜防。
　　(회오리바람이 가져오는 위험은 예방할 수 없다.)

(88)에서 '龙卷风'은 명사 '龙'과 동사 '卷' 그리고 명사 '风'의 결합으로 구성된 명사형합성어이다. 예시에서 바람이 나선형으로 오르며 부는 모양은 용이 하늘에 올라가는 모습과 유사성을 지닌다. 이로써 바람을 용으로 바람의 나선형으로 이동하는 모양은 용이 나선형으로 움직이는 모양으로 여기어 형성된 은유표현이다.

근원영역: 용		목표영역: 바람
용	⟶	风
용의 움직임	⟶	바람의 이동
용이 움직이는 모양	⟶	바람이 회오리 모양
비를 내리게 하다		부정적 영향
……		……

3) 부는 방향에 따라 바람은 위치다.

(89) ㄱ. 烟气从**上风**刮过来。

　　　(연기가 바람에 불어온다.)

　　ㄴ. 不要在**下风**的方向救火，那太危险了。

　　　(바람의 방향에서 불을 끄지 마라. 그것은 너무 위험하다.)

(89ㄱ)번에서 '上风'37)은 방위명사 '上'과 명사'风'으로 구성된 명사형합성어이며, '바람이 불어오는 방향'으로 해석할 수 있다. 즉 '上风'은 수평적으로 불어오는 방향을 상향의 수직 방위사 '上(상)'으로 사상한 표현이다. (89ㄴ)번에서 '下风'은 방위명사 '下'와 명사'风'으로 구성된 명사형합성어이며, '上风'과 정반대로 '바람이 가는 방향'으로 해석할 수 있다. 즉 '下风'은 수평적으로 불어오는 방향을 하향의 수직 방위사 '下(하)'로 사상한 은유적인 표현이다.

---

37) 바람의 문제뿐만이 아니고 시간에 관한 표현도 비슷하다. 지난 주, 다음 주, 지난 달, 다음 달 같은 표현은 중국어로 사주(上周), 하주(下周), 사월(上个月), 하월(下个月)이와 같이 시간 표현도 중국에서 수직 공간어 '上, 下'로 표현한다.

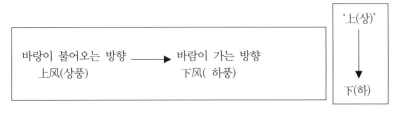

바랑이 불어오는 방향 ──────▶ 바람이 가는 방향
　　上风(상풍)　　　　　　　下风(하풍)

'上(상)'
↓
下(하)

〈그림 13〉 중국어 '上风 下风'

4) 미치도록 부는 바람은 개다.

(90) 刚才还风和日丽的, **忽然狂风**大作, 下起雨来。

(조금 전에 화창한 바람에 갑자기 광풍이 크게 일고, 비가 내리
기 시작했다.)

(90)에서 '狂风'은 형용사 '狂'과 명사 '风'을 결합하여 구성된 명사
형 합성어이다. '狂'[38]은 원래 개가 미친다는 뜻이다. 이를 바탕으로
개가 미친 행동을 하듯이 바람이 세차게 부는 것을 은유한 은유적 어
휘이다.

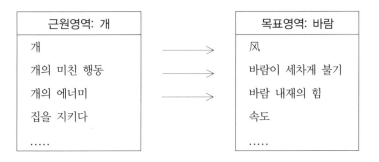

근원영역: 개		목표영역: 바람
개	──────▶	风
개의 미친 행동	──────▶	바람이 세차게 불기
개의 에너미	──────▶	바람 내재의 힘
집을 지키다		속도
……		……

---

38) 『汉语大字典(한언대사전)』 pp.1431.

중국어 '風' 어휘의 은유 유형은 주로 바람의 소리(悲风), 모양(长
风), 방향(上风, 下风)과 내재의 힘(狂风) 네 가지에 의해서 은유표현
을 형성된다. 다음 그림으로 표현할 수 있다.

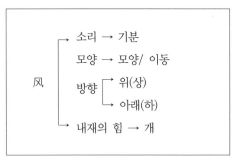

〈그림 14〉 '风' 어휘 종류의 은유

4.1.2. '风' 관련 표현

1) '风'을 목표영역으로 삼은 표현

(91) 一个严冬的早晨, 凛冽的风夹着雪花, **像鞭子一样抽打**在人们的脸上。
　　(한겨울의 아침, 매서운 바람이 눈꽃을 끼고 사람의 얼굴에 채
　　찍질하고 있다.)

(91)에서 바람이 이동하는 과정에서 담고 있는 힘을 채찍이라는 물
체로 개념화한다. 사람들이 체험한 실제물인 채찍을 통한 타격을 바람
으로 사상하는 것이다. 즉 채찍은 바람으로, 채찍을 휘두르는 것은 바
람이 부는 것으로, 채찍을 맞는 통감은 바람을 맞는 통감으로 사상하
여 형성된 은유 표현이다.

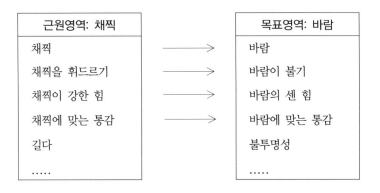

이와 같이 (91)에서 '바람'은 목표영역이 되고, '채찍'은 근원영역으로 되어 '바람은 채찍이다'라는 은유표현이 의미를 갖는다.

(92) 冬天的风, 像一只难以驯服的**野马**, 在田地里**奔跑**着。
(겨울의 바람은 길들이기가 어려운 야생마처럼 밭을 달리고 있다.)

(92)에서 '野马'은 한국말로는 야생마(野生马)이다. 야생마는 산이나 들에서 나고 자란 말인데 그 속력이 빠른 것을 귀하게 여긴다. 바람이 부는 것은 야생말이 뛰는 속도로, 그의 빨리 이동하는 것은 말들이 밭에서 달리는 것으로 사상한다.

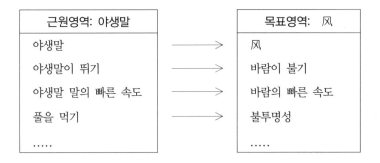

이와 같이 (92)는 근원영역의 동물(말)의 속도를 목표영역의 바람에 사상한 은유표현이다.

(93) **狂风**好像一头**发了疯的狮子在吼叫**。
   (몰아치는 바람은 미친 사자가 울부짖고 있는 것 같다.)

(93)에서 '狮子在吼叫'는 사자가 포효한다는 뜻이다. '표효하다'의 기본의미는 사나운 짐승이 크게 울부짖는 것이다. 여기서 바람이 세게 불 때의 큰 소리는 맹수가 포효하는 소리와 유사하다. 즉 사자의 포효는 바람의 소리로, 사자의 세찬 에너지는 바람의 센 힘으로 사상한 은유적인 표현이다.

근원영역: 사자		목표영역: 바람
사자	⟶	风
사자의 포효	⟶	바람의 소리
사자의 에너지	⟶	바람의 힘
고기를 먹다	⟶	이동성
......		......

이와 같이 (93)은 목표영역의 바람이 근원영역의 동물의 소리에서 요소를 사상받은 은유표현이다.

(94) 老尹的脖子上竟被凛冽的**风刀**吹开了两道血口子。
   (늙은 윤 씨의 목에는 매서운 바람에 두 개의 피상처가 날다.)

(94)에서 '칼'은 매우 예리한 날을 가지고 있는 사람을 해칠 만큼

예리한 장수의 큰 칼이다. 이러한 칼은 사람에게 차갑고 섬뜩한 느낌, 즉 한기를 느끼게 해주고 또한 사람을 베는 경우 통각을 준다. 이러한 감각적 속성을 바람이 예리하게 부는 경우에 사상하여 바람이 사람에게 준 고통을 은유한다.

이를 도식화하면 아래와 같다.

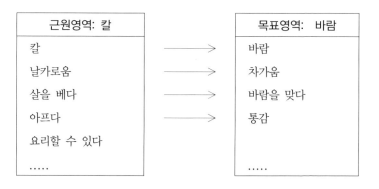

이와 같이 (94)는 목표영역의 '바람'이 근원영역의 '칼'의 특성과 유사해서 형성된 은유표현이다.

(95) 深秋的寒风卷着小雪扫过枯黄的草, 向远方飞去。
(늦가을의 찬바람이 노란 풀을 훑으며 먼 곳으로 날아간다.)

빗자루는 더러운 것을 쓸어주어 청소하는 기능이 있다. (95)에서는 바람의 힘에 의해 가벼운 물건들을 바람이 부는 방향에 따라 가도록 하여 깨끗해지는 것을 묘사한다. 이 현상은 바로 빗자루로 더러운 것을 쓸어주는 것과 유사하다. 예문은 이러한 유사성에 근거를 둔 은유표현이다.

근원영역: 빗자루		목표영역: 바람
빗자루	⟶	바람
땅의 더러운 것	⟶	땅의 더러운 것
청소하기	⟶	바람이 불기

이와 같이 (95)는 '빗자루'를 근원영역으로 삼고 '바람'을 목표영역으로 삼는다.

(96) 在工作上, 我们要敢于**乘风**破浪。

　　(업무에서 우리는 용감하게 바람을 타고 파도를 갈라야 한다.)

(95)에서 어휘 '乘(승)'은 한국어로 '타다'의 뜻을 가진다. 동사 '타다'의 원의미는 사람이 이동수단에 몸을 얹어 한 곳에서 다른 곳으로 이동하는 동작이다. 그러나 실제로 바람은 탈 수 없다. 본래 이동수단을 타는 주체인 사람이 대상인 이동수단을 이용하여야만 '타다'라는 동사를 쓸 수 있다. 그러나 사람은 바람을 사용하여 일을 진행하는 것처럼 간편하고 힘을 절약할 수 있는 것을 이동수단을 이용하는 것과 유사하다고 여긴다. 이를 바탕으로 (95)번과 같이 사람을 승객으로 여기고 바람은 승객들이 위에 얹어 날아다니는 이동수단으로 은유하는 표현이 가능해진다.

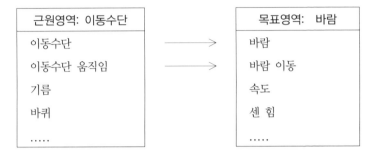

근원영역: 이동수단	목표영역: 바람
이동수단	바람
이동수단 움직임	바람 이동
기름	속도
바퀴	센 힘
……	……

(97) <u>风依然不停地**狂舞**</u>。

　　(바람이 미친 춤을 추듯이 여전히 멈추지 않는다.)

(97)에서 '狂舞'는 미치도록 춤을 추는 형상이다. 춤은 사람이 팔다리와 몸을 율동적으로 움직이는 동작인데 사람이 의식적으로 음악과 박자에 맞추면서 몸짓을 하는 것이다. 이런 동작을 통해서 사람의 사상, 감각, 정서 등을 표현한다. 바람은 의식도 없고 팔다리도 없어서 춤을 출 수 없다. 그러나 방향 없이 부는 것은 마치 사람들이 춤을 추는 것과 유사하다. 이에 근거하여 사람을 바람으로, 바람이 부는 공간은 사람이 춤을 추는 무대로 삼고 사람 몸의 율동은 바람이 불안정적으로 부는 모양에 사상하여 은유한다.

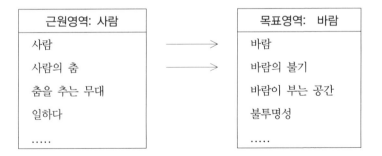

근원영역: 사람	목표영역: 바람
사람	바람
사람의 춤	바람의 불기
춤을 추는 무대	바람이 부는 공간
일하다	불투명성
……	……

'风'을 목표영역으로 삼은 표현은, 내재의 힘에 의해서 채찍과 칼을 바람으로 사상하고, 동물의 소리와 이동성의 유사성으로 바람에 사상하며, 이동수단과 사람의 이동성을 바람의 이동에 사상한다. 그리고 빗자루가 더러운 것을 쓸어내는 과정을 바람이 불어서 더러운 것을 쓸어준 것에 사상한다. 이를 도식으로 명확하게 볼 수 있다.

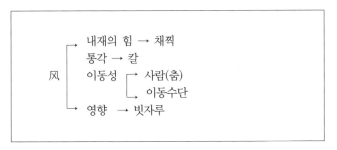

〈그림 15〉 '风'을 목표영역으로 삼은 표현

2) 바람을 근원영역으로 삼은 표현

(98) ㄱ. 刮起**减员之风**。
   (감원 바람이 분다.)

ㄴ. 最近引领了**民主化之风**。
   (요새 민주화 바람을 일으키고 있다.)

(98ㄱ)에서 '减员之风'은 한국어로 '감원바람'이다. 이 '바람'은 자연 현상인 '바람'이 아니고 기관이나 업체 등에서 인원을 감축하는 냉랭한 부정적인 분위기를 의미한다. '바람'은 온도가 낮으면 사람에게 차가운 촉각 느낌을 준다. 여기서 '바람'의 의미는 사회적으로 일어나는 일시적인 분위기나 추세이다. '감원'의 냉랭한 분위기는 '바람'의

찬 온도와 유사하다. 즉 '바람'의 촉각 느낌을 추상적인 '감원'의 분위기로 사상한 표현이다. (98ㄴ)에서 '民主化之风'은 한국어로 '민주화의 바람'이다. 이 때의 '바람'은 사회민주의 훈훈한 분위기를 말한다. 첫 여름에 바람이 훈훈하게 불고 사람에게 온도가 견디기 좋은 정도이기 때문에 긍정적으로 인지된다. '민주화의 바람'은 독재주의를 이탈하여 민주적인 긍정적인 분위기가 바람의 이러한 특성과 유사한다. 여기서 구체적인 객관물인 바람의 유사성을 가지고 바람을 근원영역으로 끌어드려서 사회적인 분위기를 바람에 은유한 것이다. 여기서 '바람'의 부정적, 긍정적인 확장의미는 한국어 '바람'의 확장의미와 양상이 같다.

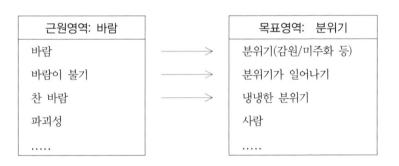

이와 같이 (98)에서 '바람'은 근원영역이 되고 '분위기'는 목표영역이 된다.

(99) 哼……我得换衣服。'说着一个**旋风**便钻到屏风后边去了。
('흥...옷을 갈아입을 거예요.'라고 하면서 그는 바람 같이 병풍 뒤로 갔다.)

(99)의 '旋风'은 동사 '旋'와 명사 '风'으로 구성된 명사형합성어이다. 이는 동작이 빠르다는 것을 은유로 표현한 것이다. 예시에서 사람의 빠른 속도는 바람의 쾌속성과 유사하다. 이런 유사성에 의해 사람을 바람으로, 사람 행동의 속도는 바람의 속도로 사상하여 형성된 표현이다. 이 때 '바람'은 근원영역이고 사람은 목표영역이다.

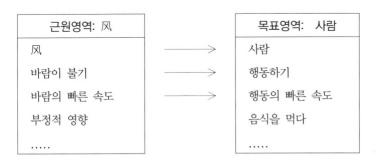

(100) ㄱ. 他的话是在煽风点火, 鼓动大家闹事。
　　　　　(그의 말은 다른 사람에게 바람을 집어넣고 소란을 부추기는 것이다.)
　　　 ㄴ. 警察终于抓到了兴风作浪的坏人。
　　　　　(경찰이 마침내 풍파를 일으킨 나쁜 사람을 잡혔다.)

(100ㄱ)의 중국어 '煽风' 중 '煽'은 부채질을 하는 동사이고 '风'은 명사이다. 어휘의 의미는 부채질을 통해서 바람을 더 크게 만드는 것이다. (100ㄴ)의 '兴风' 중 동사 '兴'은 '일다'의 뜻이고 명사 '风'은 '바람'의 뜻이다. '兴风作浪'은 신화 소설에서 귀신들이 요술을 사용하여 바람을 일게 하는 것을 의미한다. 이렇게 남을 부추겨서 무슨 행동을 하려는 마음이 생기게 만드는 경우는 바람이 불면, 나무 가지가 흔들리

게 하거나, 물결이 일게 하는 것과 유사하다. 이 은유는 한국과 중국에서 비슷하게 사용되는 경우로 볼 수 있다.

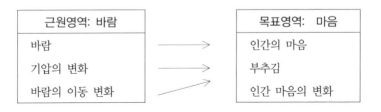

근원영역: 바람		목표영역: 마음
바람	⟶	인간의 마음
기압의 변화	⟶	부추김
바람의 이동 변화	↗	인간 마음의 변화

(101) ㄱ. 风吹雨打能磨炼人的意志。

(좌절은 사람의 의지를 단련시킨다.)

ㄴ. 看着他旅行中风尘仆仆的脸，就劝说先好好休息。

(여로에 지친 그의 얼굴을 보며, 먼저 잘 쉬라고 권하였다.)

ㄷ. 在那些风雨如晦的日子里，革命者没有动摇，更没有屈服 。

(비바람 몰아치는 그 암울한 생활 속에서도, 혁명가들은 흔들리지 않았고, 더더구나 굴복하지도 않았다.)

바람은 세게 불면 식물을 넘어뜨리는 등의 부정적인 영향을 끼친다. 이런 부정적인 영향은 식물에게 위험하고 사람에게도 재산상의 손해를 입힐 수 있다. (101)에서 '风吹'는 바람이 부는 의미이고, '风尘'은 바람에 의해 이는 먼지이며, '风雨'는 '비바람'의 뜻이다. 이러한 어휘는 '좌절, 어려움, 전쟁' 등의 부정적 의미와 유사하다. 이러한 유사성에 의해 '바람'은 어려움, 바람이 부는 것은 어려운 일, 바람을 이기는 것은 어려움을 극복하는 것으로 사상한다. 중국어 '风'이 사용된 이러한 표현들은 바람의 파괴성에서 유래된 것으로 볼 수 있다. 바람의 이런 파괴성은 한중 양국 언어표현 모두에서 살펴 볼 수 있다

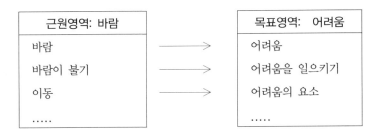

근원영역: 바람		목표영역: 어려움
바람	⟶	어려움
바람이 불기	⟶	어려움을 일으키기
이동	⟶	어려움의 요소
……		……

(101)에서는 '바람'을 근원영역으로 삼고 '어려움'은 목표영역으로 삼는다.

(102) ㄱ. 承老夫子的春风化雨, 遂令小子成名。

　　　(스승님의 훌륭한 교육으로, 한낱 철부지가 마침내 명성을 날리게 되었습니다.

　　ㄴ. 教师要以东风化雨之情, 春泥护花之意, 培育人类的花朵, 绘制 灿烂的春天。

　　　(선생님의 좋은 교육은 봄 흙으로 꽃을 육성하는 것처럼 아이를 키우고 인류의 찬란한 봄꽃을 그리는 것이다.)

(102ㄱ)에서 '春风'은 명사 '春'과 '风'을 결합하여 구성된 명사형 합성어이고 (102ㄴ)에서 '东风'은 방위명사 '东'과 명사 '风'으로 구성된 명사형 합성어이다. 중국의 지형적 특성을 살펴보면 동쪽은 바다이다. 때문에 봄이 되면 따뜻한 바람이 바다에서 불어온다. 이러한 봄바람을 '东风'이라고도 한다. (119)번의 '春风化雨, 东风化雨'는 '风,雨'같이 쓰인다. 이 표현의 의미는 봄에 따뜻한 바람이 비를 몰고 오고 식물에 물 같은 영양을 준다는 뜻이다. 이런 경험에 의해 비가 내린 후에 식물들이 잘 자라는 것과 좋은 교육39)의 유사성을 인지하고 이를 통해 은

유한 표현이다. 여기서 '사람은 식물' 도식을 살펴 볼 수 있다.

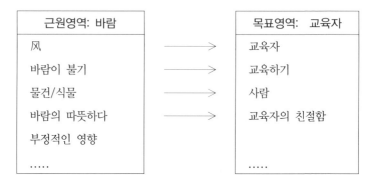

근원영역: 바람		목표영역: 교육자
风	⟶	교육자
바람이 불기	⟶	교육하기
물건/식물	⟶	사람
바람의 따뜻하다	⟶	교육자의 친절함
부정적인 영향		
……		……

이와 같이 (102)에서 근원영역의 바람을 목표영역의 교육자로 사상한 은유표현이다.

(103) 在开展批评时, 要和风细雨, 注重方式, 争取好效果。
    (비평할 때 좋은 효과를 이루기 위해서 방식을 중요시하고 온건하고 부드러운 태도로 해야 한다.)

(103)번은 바람을 사람으로 간주한 은유표현이다. 그 중의 '和风(화풍)'은 형용사 '和(화: 평온하다, 부드럽다)'와 명사 '风'과 같이 결합하여 이루어진 명사형합성어이며, 봄에 부는 미풍의 뜻이다. 봄바람은 부드럽게 불기에 긍정적인 의미를 가진다. 사람은 대인관계에 있어서 다른 사람을 대하는 태도가 부드러우면 긍정적인 일이 나타난다. 바람은 사람으로, 바람의 부드러움은 사람의 친절한, 긍정적인 태도에 부

---

39) 《书·说命下》:「咸仰朕德, 时乃风。」
    (「상서·설명하」:「천하의 사람들은 모두 나의 덕행을 경모하는데, 나는 당신의 교화에 따른 것이다.」)

여한다. 이러한 태도를 중국어에서는 '和风'과 같이 바람 어휘를 사용하여 나타낸다.

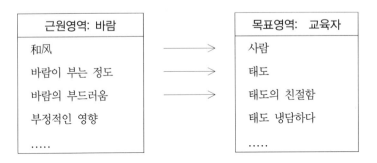

근원영역: 바람		목표영역: 교육자
和风	⟶	사람
바람이 부는 정도	⟶	태도
바람의 부드러움	⟶	태도의 친절함
부정적인 영향	⟶	태도 냉담하다
……		……

(104) 后来风云际会, **一路顺风**, 居然黄袍加身。

（후에 시국이 변하여, 농민봉기가 순조롭고, 뜻밖에도 그는 황제가 되었다.）

(104)에서 '顺风'은 동사 '顺(순: -에 따라)'이 명사 '风'과 결합하여 구성된 명사형 합성어이고 사람은 바람이 부는 방향에 맞추어 따라 가면 그 속도가 더 빠르고 힘을 절약할 수 있다는 뜻이다. 이것은 어떤 일의 순조로운 전개과정과의 유사성에 근거한 은유 표현이다. 즉 바람은 시국으로, 바람이 부는 방향에 따라 가는 행위는 일이 순조롭게 진행하는 과정으로 은유하는 것이다.

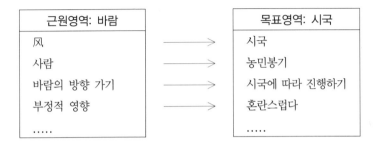

근원영역: 바람		목표영역: 시국
风	⟶	시국
사람	⟶	농민봉기
바람의 방향 가기	⟶	시국에 따라 진행하기
부정적 영향	⟶	혼란스럽다
……		……

이와 같이 (104)은 '바람'은 근원영역으로, '시국'은 목표영역으로
삼은 은유표현이다.

(105) 好人和坏人的区别往往在于，就算是好人占了**上风**，也不太愿意去
伤　害之前伤害自己的人。
(좋은 사람과 나쁜 사람의 구별은 좋은 사람이 상풍(우위)을
차지하더라도 자신을 해치는 사람을 해치고 싶지 않다.)

(105)에서 '上风'은 방위명사 '上'과 명사'风'으로 구성된 명사형합
성어이며, 방향성 은유에서 '上'은 좋은 것임으로 '上风'은 '우세, 유리
한 위치'로 해석할 수 있다. 즉 '风'은 위치로, '上'은 좋은 것과 유리함
으로, 바람이 부는 것은 일을 진행하는 것으로 사상한 은유적인 표현
이다.

근원영역: 바람		목표영역: 자리
风	$\longrightarrow$	위치
上	$\longrightarrow$	유리함
바람이 불어오기	$\longrightarrow$	일을 진행하기
바람이 불어가기	$\longrightarrow$	일 잘 못 되기
……		……

(106) 与王师傅比起来，我自愧不如，甘拜**下风**。
(왕형과 비교해 보니 나는 자신의 열세를 기꺼이 인정하여 머
리를 굽히다.)

(106) 역시 바람의 위치를 사상하여 은유한 표현이다. '下风'은 방
위명사 '下'과 명사 '风'으로 구성된 명사형합성어이며, '上风'과 정반대

로 '불리한 위치(처지), 열세'로 해석할 수 있다. 즉 '风'은 위치로, '下'
는 나쁜 것과 불리함으로, 바람이 부는 것을 일을 진행하는 것으로 사
상하여 은유한 표현이다.

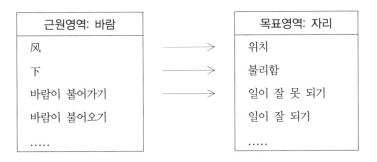

근원영역: 바람	목표영역: 자리
风	위치
下	불리함
바람이 불어가기	일이 잘 못 되기
바람이 불어오기	일이 잘 되기
.....	.....

(107) 他换女人跟换衣服似的，是个只享受性关系的**风流**人物。
(그는 옷을 갈아입듯 여자를 바꿔 가며 성관계를 즐기는 바
람둥이였다.)

(107)은 바람으로 감정(남녀관계)을 은유한 표현이다. (124)에서
'风流'는 명사 '风'과 동사 '流(유)'로 구성된 명사형 합성어이다. 한 사
람이 동일한 시간에 둘 이상의 이성과 이성 관계[40]를 유지하는 것을
의미한다. 이 표현은 사람의 감정은 바람으로, 감정의 전이는 바람의
'이동성'으로 사상하여 이루어진다. 이것 역시도 바람의 이동성과 불
안정성에 근거하여 의미를 가지게 된 것이다. 이러한 확장은 한중 모
두에서 나타나는 것이다.

---

40) 이러한 남녀관계의 관한 표현은 중국어에서 남성뿐만이 아니고 여성에게도 쓸 수
있다.

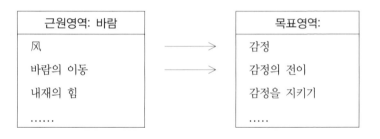

(108) ≪红楼梦≫第十五回：“如今长大了, 渐知风月。”

(〈홍루몽〉 제15회: "어른이 돼서 남녀 간의 정을 좀 알게 되었다.")

(108)에서 중국어 '风月'은 명사 '风'과 '月'로 결합하여 구성된 명사 형합성어이며 의미는 남녀 간에 정과 사랑을 말한다. '风月'의 기본의미는 '바람, 달'이 있는 아름다운 풍경이라는 뜻이다. 중국에서는 아름다운 풍경에서 사랑이 싹튼다는 보편적인 인식이 있다. 그렇기 때문에 바람의 의미가 사랑으로까지 확장된 것으로 보인다.

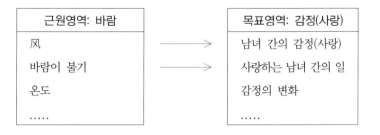

(109) 革命的風暴震撼着南方的古城。

(혁명의 폭풍은 남쪽의 고성을 뒤흔들고 있다.)

(109)에서 '風暴'는 명사 '風'과 형용사 '暴'41)를 결합하여 구성된

명사형 합성어이며, 규모가 크고 기세가 맹렬한 사건이나 현상을 말하는 것이다. 혁명의 규모가 크고 기세가 맹렬한 특성은 세찬 바람이 부는 것과 유사하다. 여기서 사회와 정부를 기후로 여기고, 혁명을 '风'으로 삼고, 혁명 중의 맹렬한 공격과 투쟁을 '风'의 세찬 힘으로 사상한 은유표현이다.

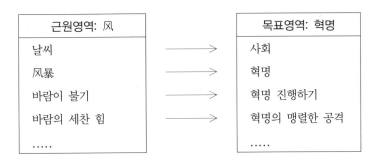

위의 분석으로 보면 알 수 있듯이 '바람'을 근원영역으로 삼은 표현이 많다. 바람의 이동성은 '유행, 감정(남녀관계)'로 확장해 나간다. 바람의 속도의 속성은 사람의 행동이나 차 등의 속도가 빠르다는 것으로 사상한다. 바람의 파괴성은 어려움(시련)으로 간주한 은유표현을 가능하게 한다. 바람이 천천히 불어올 때의 촉감은 교육과 사람의 좋은 태도로 사상한다. 바람의 방향성은 사람의 사회 위치를 대표하는 은유표현 '上风, 下风'으로 나타난다. 바람의 힘, 위력의 특징은 혁명으로 은유되어 의미를 확장된다.

---

41) '强大而突然来的, 又猛又急的'의 뜻인데 한국어로 번역하면 갑자기 세고 급하게 나타나다.

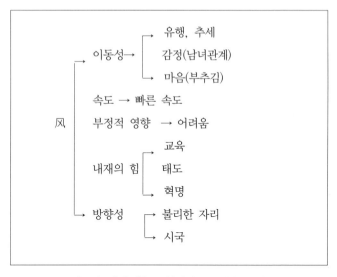

〈그림 16〉 '风'을 근원영역으로 삼은 표현

4.2. 云

이 절에서는 '云' 어휘의 종류와 '云' 관련 표현 두 가지로 나누어 인지언어학 이론을 기준으로 하여 분석해 보고자 한다.

4.2.1. '云' 어휘의 종류

이 항에서는 '구름' 어휘의 종류에 대해서 살펴보고 개념적 은유를 통해서 분석하도록 한다. 한국어에서 개념적 은유를 통해서 구성된 대표적인 바람 어휘는 아래 표와 같이 정리할 수 있다.

> 1) 鱼鳞云, 2) 山帽云, 3) 乳状云, , 4) 砧状云, 5) 幡状云,
> 6) 絮状高积云, 7) 毛卷云, 8)乌云, 9)火烧云

1) 산꼭대기 부근에 둘러져 있는 구름은 모자다.

(110) 富士山上空现大朵**山帽云** 吸引游客驻足观看。
　　　(후지산 상공에 산 모자 구름이 관람객의 발길을 끌고 있다.)

(110)에서 '山帽云(산모운)'은 명사 '山(산)', '帽(모자)'와 '云'으로 구성된 명사형 합성어이며 '산모운이란 산꼭대기에 덮여있는 작은 구름으로 산정상사에 모자를 쓰는 것처럼 생긴 구름'이다. 예시에서 '모자'의 모양을 산기슭을 따라 생긴 구름에 사상한 은유표현이다.

근원영역: 山帽	목표영역: 구름
산모(山帽)	구름
머리에 끼다	산 정상에 덮여있다
비를 막이다.	높은 위치
……	……변화

2) 희고 작은 구름 덩어리가 촘촘히 흩어져 있는 구름은 비늘이다.

(111) 天空出现大片的**鱼鳞云**。
　　　(하늘에 거대한 비늘구름이 떠 있다.)

(111)에서 '鱼鳞云'은 명사 '鱼鳞(비늘)'과 '云'으로 구성된 명사형합성어이다. '鱼鳞'은 '물고기의 표피를 덮고 있는 얇고 단단하게 생긴 작은 조각'임으로 예시에서 '鱼鳞云'은 '비늘 같은 구름이다.'라는 뜻으로 바꿀 수 있다. 여기서 물고기의 비늘은 밀집하고 순서대로 배열되는

형태적 특징에 주목하여 바로 구름을 비늘로 개념화한 것이다.

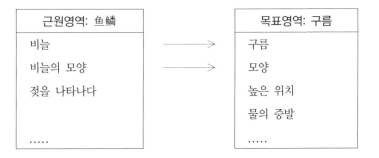

근원영역: 魚鱗		목표영역: 구름
비늘	⟶	구름
비늘의 모양	⟶	모양
젖을 나타나다		높은 위치
		물의 증발
......		......

3) 구름의 바닥에 유방모양의 돌기가 매달린 구름은 유방이다.

(112) **乳狀云**是一种很罕见的气象奇观。

(유방구름은 보기 드문 기상 현상이다.)

(112)에서 '乳狀云(유상운)'은 명사 '乳狀(유상)'과 '云'으로 결합하여 이루어진 명사형합성어이고 '유방모양의 구름'이다. 이 표현은 구름을 유방이라는 신체부위로 보는 것이다.

근원영역: 乳(유방)		목표영역: 구름
乳(유방)	⟶	구름
융기(隆起)모양	⟶	모양
젖을 나타나다		높은 위치
		물의 증발
......		......

4) 넓고 편평하게 퍼져 있는 구름은 모루다.

(113) 飞行员知道，**砧状云**是雷雨的标志。

　　(비행기 조종사가 모루구름이 뇌우의 표지라는 것을 알고 있다.)

(113)에서 '砧狀云(침상운)'은 명사 '砧狀(침상)'과 '云'으로 구성된 명사형 합성어이며 '쇠를 만드는 모루모양의 구름'이다. '砧(모루)'는 '대장간에서 불린 쇠를 올려놓고 두드릴 때 받침으로 쓰는 쇳덩이'이다. 이 어휘는 모루의 편평한 모양을 구름에 부여하여 이루어진 은유 표현이다.

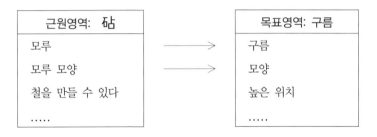

5) 비가 바닥에 닿기 전에 증발하여 형성된 수많은 구름은 깃발이다.

(114) **幡状云**，自然界的一个奇观。

　　(반상운이 자연계의 기이한 광경이다.)

(114)에서 '幡狀云(반상운)'은 명사 '幡狀'과 '云'으로 구성된 명사형 합성어이며 '비가 바닥에 닿기 전에 증발하여 형성된 수많은 깃발이 모인 모양의 구름이다'이다. '幡'은 '대나무 장대 등으로 걸려 있는

긴 깃발'이다. 예시의 표현은 '구름'의 양이 많음과 흰색을 깃발에 부여
하여 이루어진 은유표현이다.

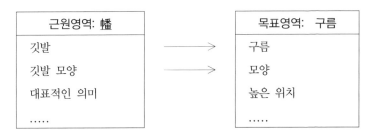

근원영역: 旛	목표영역: 구름
깃발 ⟶	구름
깃발 모양 ⟶	모양
대표적인 의미	높은 위치
……	……

6) 폭신폭신한 모양과 느낌을 가진 구름은 솜이다.

(115) 2017年7月26日, 吉林省长春市天空出现大面积的**絮状高积云**。
　　　(2017년 7월 26일, 길림성 장춘시 하늘에 큰 폭의 서상고적
　　　운이 펼쳐졌다.)

(115)에서 '絮42)状高积云'은 명사 '絮状(서상)'과 '高积云（고적운）'
이 결합하여 구성된 명사형 합성어이며 '솜43)과 같은 구름'이다. 예시
에서 '솜구름'은 '구름은 솜과 같은 구름이다'라는 뜻이다. 이때 '구름'
은 목표영역이 되고, '솜'은 근원영역으로 된다. 이 표현은 솜의 흰색

---

42) 《说文》: "絮, 敝绵也。"本义是质地差的丝棉。『설문해자』 '서, 거실 솜'이라고 한다.
　　본 의미는 질이 안 좋은 솜이다.
43) 袁庭栋(1984 : 72, 73)棉花栽培历史悠久, 约始于公元前800年。我国是世界上种
　　植棉花较早的国家之一, 公元前三世纪, 即战国时代, 《尚书》《后汉书》中就有关于
　　我国植棉和纺棉的记载。宋元之际, 传播到长江和黄河流域广大地区。(목화 재배 역사
　　가 유구한 역사는 기원전 800년에 시작 되었다. 우리나라는 세계에서 면화를 재배
　　하는 것이 비교적 이르는 국가 중 하나였으며, 기원전 3 세기는 전국시대, 「상서」,
　　「후한 서」에 우리나라 식면과 방면에 관 한 기록이 있다. 송나라와 원나라 때 양자
　　강과 황하 유역의 광범위한 지역으로 전파되었다.)

과 폭신폭신한 모양을 구름에 부여한 은유적 표현이다. 솜은 송나라와 원나라 때 양자강과 황하 유역의 광범위한 지역으로 전파되었다. 이로써 솜을 가지고 구름을 표현한 '絮狀高積云'이 나온다.

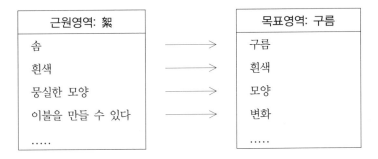

근원영역: 絮		목표영역: 구름
솜	⟶	구름
흰색	⟶	흰색
뭉실한 모양	⟶	모양
이불을 만들 수 있다	⟶	변화
......		......

7) 검은 구름은 까마귀다.

(116) 乌云在移动着, 太阳一阵露出来, 一阵又藏进去。
　　(검은 구름이 움직이고 있었고, 태양은 갑자기 나타나더니 다시 숨어 버렸다.)

(116)에서 '乌云'은 명사 '乌'44)와 '云'가 결합하여 구성된 명사형 합성어이며, 뜻은 검은 색 구름이다. '乌'는 까마귀라는 뜻인데 '乌云'은 '까마귀와 같은 구름이다'라는 뜻으로 이해될 수 있다. 이 때 '云'은 목표영역이 되고, '乌'는 근원영역이 된다. 이 표현은 까마귀의 검은색을 구름에 부여한 은유적 표현이다. 이로써 까마귀를 가지고 구름을 표현한 '乌云'이 나온다.

---

44) 《字源》第334页. 本义是指乌鸦。因为乌鸦的羽毛是黑色的, 所以"乌"可引申有黑色义。(본의는 까마귀를 가리킨다. 까마귀의 깃털은 검은 것이기 때문에 까마귀는 검은색의 의미를 지닌다.)

근원영역: 까마귀		목표영역: 구름
까마귀	⟶	구름
검은 색	⟶	검은색
흰색		변화
......		......

8) 동물의 털 모양의 희고 감은 구름은 털이다.

(117) **毛卷云**出现预示天晴。

(깃털 구름은 날씨 가 맑을 것을 예고 한다.)

(117)에서 '毛卷云'은 명사 '毛'와 동사 '卷'과 명사 '云'이 결합하여 구성된 명사형 합성어이다. 동물의 털의 모양을 구름에 사상하여 형성된 은유적 표현이다.

근원영역: 털		목표영역: 구름
털	⟶	구름
털의 모양	⟶	구름의 모양
흰색		변화
......		......

9) 구름은 불이다.

(118) 晚饭过后，**火烧云**上来了。

(저녁을 먹은 후, 노을이 떠올랐다.)

(118)에서 '火烧云'45)은 명사 '火' 와 동사 '烧'와 명사 '云' 으로 결

합하여 구성된 명사형 합성이며, 붉게 된 노을이다. '火烧'는 불이 탄다
는 뜻이다. 이 표현은 불의 특징인 빨강색을 구름에 부여한 은유적 표
현이다.

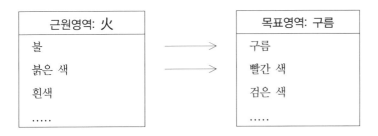

근원영역: 火		목표영역: 구름
불	⟶	구름
붉은 색	⟶	빨간 색
흰색		검은 색
……		……

여기까지 한국어 '구름'의 어휘종류를 9개 분석하였고 이를 그림으
로 정리하면 아래와 같다.

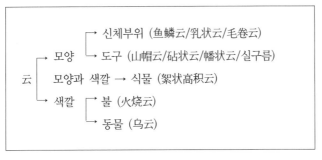

〈그림 17〉 '云'의 의미 확장 도식

---

45) 又叫朝霞和晚霞, 属于低云类, 指的是太阳刚刚出来的时候, 或者傍晚太阳快要落
山的时候, 天边的云彩常常是通红的一片, 像火烧的一样, 所以叫火烧云(또 아침노
을과 저녁노을이라 불리는 저운류에 속한 것은 대가 막나올 때, 또는 저녁 해가 저
물 무렵, 하늘의 구름은 항상 붉게 상기되어 있어 불에 타는 것 같아 불을 쬐는 것
이다.)

4.2.2. '云' 관련 표현

이 항에서는 개념적 은유를 통해서 '云'에 관련된 표현을 분석하고
자 한다. 그리고 그 표현에서의 '云'을 목표영역과 근원영역 두 가지로
나누어 논의하도록 한다.

1) '云'을 목표영역으로 삼은 표현

구름은 대기 중의 수분이 엉겨서 형성된 자연현상으로 온도와 기류,
바람에 따라 이동하거나 흩어진다.

> (119) ㄱ. 缓缓**流动的**云。
>   (천천히 흐르는 구름.)
>   ㄴ. **流云**奔涌, 群山浮动。
>   (구름이 세차게 흘러내리며 산들이 흔들린다.)

(119)에서 '流动'은 한국어로 '흐르다'인데 액체가 낮은 곳으로 내려
가거나 넘쳐서 떨어지는 동작이다. 이 어휘는 위에서부터 아래로 이동
하는 방향성을 내재하고 있다. 구름이 바람 등의 외부 요소에 의해 공
중에서 수평 이동하는 과정과, 액체가 수직 이동하는 과정의 유사성에
근거하여 액체로 은유된다.

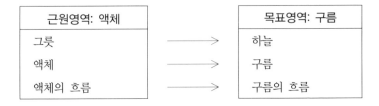

근원영역: 액체		목표영역: 구름
그릇	$\longrightarrow$	하늘
액체	$\longrightarrow$	구름
액체의 흐름	$\longrightarrow$	구름의 흐름

(120) ㄱ. 孙悟空会**腾云**驾雾, 一个跟头翻十万八千里。

(손오공은 구름과 안개를 탈 줄 알고, 한 걸음에 무려 십

만팔 천리를 넘었다.)

ㄴ. 程善之 《春日杂感》 诗：“**御云**得升仙, 不如无别离。”[46]

(청선지 의「춘일잡감」은 "구름을 타여 신선이 되는 것이,

이별이 없는 것만 못하다 "라고 말했다.)

ㄷ. 南朝 梁 陶弘景 《云上之仙风赋》:“登空**泛云**,一举万里。”

(남조 량 도홍경의「운상지선풍부」는 "하늘에 구름을 타

서 한 꺼번에 만리를 간다."라고 말했다.)

(120)의 중국어 동사 '腾, 御, 泛'는 모두 이동수단을 타거나 쓰는 것

의 뜻을 가지는 동사이다. 사람은 '말, 배, 마차' 등의 이동수단으로

이동할 수 있다. 원래 이동수단을 타는 주체인 사람이 수단인 이동수

단을 이용하는 경우를 '타다'라는 동사로 표현한다. 구름은 하늘에서

떠다니는 속성이 있다. 사람은 구름의 이러한 이동성을 승객들이 이동

수단에 타고 이동하는 것과 유사하다고 여긴다. 이러한 유사성에 근거

하여 이동수단이 승객을 이동시키는 것을 구름이 상상 속에서 무언가

(사람)를 싣고 이동하는 것으로 사상한다.

근원영역: 이동수단		목표영역: 구름
승객	⟶	사람
이동수단	⟶	구름
이동수단 움직임	⟶	구름 이동
기름	⟶	속도
……		……

---

46) 베이두 백과 https://baike.baidu.com/item/%E5%BE%A1%E4%BA%9
1/10065162인용.

(121) 洁白**柔软的**云像棉花团

　　(순결하고 부드러운 구름이 솜뭉치 같다.)

(121)에서 '柔软'운 '부드럽다'는 뜻인데 손으로 만져야만 알 수 있는 촉각 형용사이다. 여기서 구름이라는 대상을 시각의 대상에서 촉각의 대상으로 전이하는 것이다.

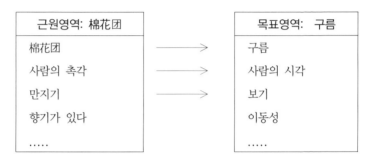

'云'을 목표영역으로 삼은 표현은 '구름'은 이동수단, 액체의 이동성과 같은 유사성에 근거하여 은유를 실현하고, '柔软的云'은 인간이 촉각을 통해서 알 수 있는 것을 시각으로 전이해 나간다.

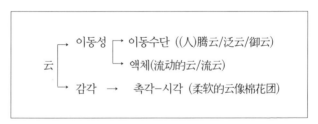

〈그림 18〉 '云'을 목표영역으로 삼은 표현

2) '云'을 근원영역으로 삼은 표현

(122) ㄱ. 沙云：被大风卷起的呈云状的沙尘。

　　　(바람에 휘말리는 구름 같은 먼지.)

　　ㄴ. 宋杨万里 《悯农》 诗「稻云不雨不多黄，荞麦空花早着霜。」

　　　(송 양만리 〈민농〉 시「벼는 아직 익지 않았고, 빗물이
　　　부족하고 메밀은 차가운 서리는 일찌감치 내려간다.)」

(122ㄱ)에서 '沙云'은 명사 '沙'와 '云'으로 구성된 명사형합성어이
다. 구름은 공중의 물방울이 엉기어 만들어진다. 그리고 그 부피가 크
다는 인식이 있다. 이러한 특징과 인식을 바탕으로 사상이 이루어진
다. 예문의 '云'의 구성원은 물방울이 아니고 먼지이다. '云'의 구성요
소가 밀집하게 모여 있는 것을 '沙'에 부여한 것이다. (122ㄴ)에서 '稻
云'은 명사 '稻'와 '云'으로 구성된 명사형합성어이다. 이는 논이 넓고
곡식이 구름처럼 모여드는 모양과 구름의 물방울이 밀집하게 모여 있
는 것과 유사하다고 인식하는 것에 의해 은유된다.

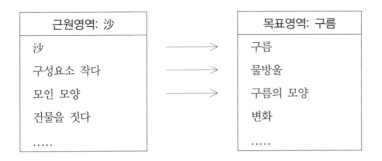

근원영역: 沙	목표영역: 구름
沙	구름
구성요소 작다	물방울
모인 모양	구름의 모양
건물을 짓다	변화
……	……

(123) ㄱ. 我们往下走的时光，沿路不是往上运粮的，就是搬云梯的。

　　　(우리는 아래로 가는 동안 길을 따라 곡식을 올라가거나

구름다리를 올라가는 것이다.)

ㄴ. 现在呢, 她高高在上, 跟自己的地位简直是**云泥**之别.

(지금은 그녀가 직위가 높아서, 자신의 지위와는 하늘과

땅의 차이다.)

ㄷ. 一群壮志凌云的青年正在努力攀登科学高峰。

(큰 포부를 가지는 한 무리의 청년들이 과학의 고지에 오

르고 있다.)

인간은 구름의 위치적 특징에 의해 시각적으로 구름을 높다고 인식
한다. (123ㄱ)에서 '搬云梯'는 한국어로 '구름다리'인데 구름으로 형성
된 다리모양의 의미는 아니고 사람이 만든 높은 사다리를 말한다. 구
름과 사다리는 서로 다른 영역의 개념이지만 시각적 유사성(높음)에
의해 사다리에 은유된다. (123ㄴ)은 구체적인 길이 아니고 입신출세
하는 길인데 현실의 자리는 땅으로 출세 후에 자리는 구름으로 은유하
여 비유적으로 하는 말이다. 우리 실제로 걸어 다니는 구체적인 길이
아니고 사람이 입신출세하는 길을 비유적으로 하는 말이다. 즉 여기서
는 출세 후의 높은 자리를 구름으로 개념화한 것이다.

근원영역: 구름	목표영역:
구름 ⟶	입신출세
하늘 ⟶	높은
구체적인 공간-위치 ⟶	추상적인 공간-사회적 지위
이동서	권세
.....	.....

(123ㄷ)의 '凌云'은 '사람의 큰 희망'을 높다는 위치적 특성의 긍정성에 근거하여 은유한 표현이며, '구름'의 위치적 특징 '높음', 즉 '거리'의 특징이 추상적인 사람의 희망이나 현실과 추상적인 거리 개념에 사상한다. (123)은 '구름'이 구체적인 물건(다리)의 위치로 사상하고 추상적인 출세의 길과 사람의 포부에까지도 사상한다.

```
         ↗    물건 위치가 높음
  云  →    출세
         ↘    포부, 희망
```

(124) 土地革命时期, 这里是**红军云集**的地方。
　　　　(혁명 때는 홍군이 운집한 곳이다.)

(124)에서 '云集'는 구름같이 모인다는 의미다. 구름은 그 형태적 특징에 의해 양이 많은 것으로 인식된다. '红军'은 '많이 모이는 양'과 모양이 '구름'이 모이는 부피, 양과 유사하다. 그리하여 구름을 사람으로 사상한다. 수많은 '군인'을 목표영역으로 하고 사방에서 한꺼번에 한 장소에 몰려오는 상황을 근원영역으로 하여, 구름을 통해 한 곳에 모여 있는 것을 표현한다. 여기서는 구름의 특징인 양의 많음을 사람에 부여하는 것이다.

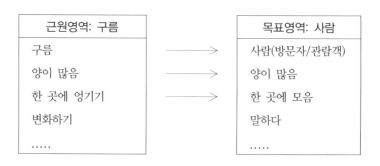

근원영역: 구름		목표영역: 사람
구름	⟶	사람(방문자/관람객)
양이 많음	⟶	양이 많음
한 곳에 엉기기	⟶	한 곳에 모음
변화하기		말하다
……		……

(125) ㄱ. 经过老师的开导，小红憋了一肚子的气**烟消云散**。

（선생님의 지도를 받고 소홍이 뱃속에 가득한 화가 사라졌다.）

ㄴ. **人生如浮云**，何必精打细算。

（인생은 뜬구름 같으니, 구태여 알뜰할 필요가 있느냐.）

구름은 주로 바람과 같은 외부 요인에 의해 그 형태가 쉽게 변하는 특징을 가진다. 얇고 가벼운 구름이 바람에 의해서 순식간에 흩어져버리는 특징에 근거하여 (125)와 같은 의미 확장이 이루어진다. (125 ㄱ)에서 '云散'은 구름이 흩어진다는 뜻이다. '구름'이 물방울로 모인 덩어리라서 부피가 가볍다. 그렇기에 바람에 이동하고 흩어지는 경우가 많다. '气'는 또 '화'라고도 한다. 예시에서는 선생님의 지도 덕분에 '小红'이 화를 가라앉힐 수 있었다. 이러한 추상적인 화의 가라앉음은 구체적인 '구름'이 흩어지는 현상과 유사하다. 이런 유사성에 근거하여 (125ㄱ)과 같이 '구름'을 '화'로 사상하여 은유로 표현한다. (125 ㄴ)에서 '浮云'은 '뜬구름'이다. '뜨다'는 굉장히 불안정한 상태이다. '浮云'은 동사 '浮'와 명사 '云'과 구성된 합성어인데 하늘에서 떠다니는 구름이다. 예문은 인생이 개인이나 사회 등의 원인으로 인해 안정적이지 못하고 계속 변한다는 뜻으로 이를 '구름'이 바람에 의해 이동하고 변하는 것과 유사하다고 인식하는 것에서 나온 표현이다. 이러한 유사성으로 '구름'은 '인생'으로 사상한다.

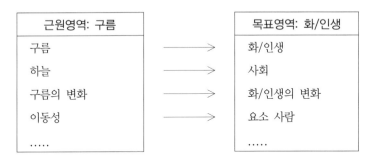

근원영역: 구름		목표영역: 화/인생
구름	$\longrightarrow$	화/인생
하늘	$\longrightarrow$	사회
구름의 변화	$\longrightarrow$	화/인생의 변화
이동성	$\longrightarrow$	요소 사람
......		......

이와 같이 (125)에서 '구름'은 근원영역, '화/인생' 등은 목표영역이 된다.

(126) 他想云游四方, 无拘无束。
　　(그는 자유롭게 구름 같이 사방을 돌아다니려고 하다.)

(126)의 '云游'은 구름같이 다닌다는 의미다. 구름이 바람에 의해서 여기저기 이동하는 것에 기인하여 사람이 목표가 없이 돌아다니는 행위를 구름으로 표현한 예문이다. 구름의 방향을 정할 수 없는 점과 사람이 방향성 없이 다니는 모습의 유사성에 근거하여 은유한 것이다. 즉 구름은 사람으로, 구름의 흐르는 모습을 사람의 이동으로 사상하여 은유한 표현이다.

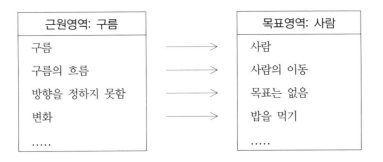

그러므로 (126)에서 '구름'은 근원영역으로 되고 '사람'은 목표영역
으로 삼는다.

(127) 我们当然不是说你轻而易举就可以把钢琴弹得<u>行云流水</u>。
　　　(우리는 당연히 당신이 수월하게 피아노를 칠 수 있는 것을
　　　말하는 것이 아니다.)

(127)에서 '行云流水'은 문장이나 음악 등을 쓰고 행할때 무언가에
구속되지 않고 자연스러운 것을 말한다. '구름'이 순조롭게 흘러가는
구체적인 현상을 음악이 이어지는 추상적인 현상과 유사하게 인식한
다. 이런 인식에 의해 음악은 구름으로, 음악의 추상적 공간에서 이어
지기는 구름의 구체적인 흐름으로 사상된다.

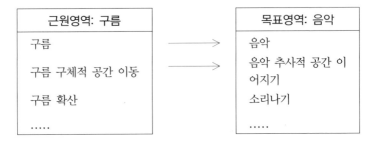

이와 같이 (127)에서 근원영역은 구름이고, 목표영역은 음악이다.

(128) ㄱ. **中新关系**的未来出现**阴云** （观察者网　2017年10月27日）

　　　（국과 싱가포 미래의 관계가 어두운 구름이 나타난다. ）

　　ㄴ. 只有回到**两岸关系**上空的**乌云**才能被驱散。(网易2018年3月5

　　　日)

　　　（구이공식'에 돌아와야 중국과 대만의 양안관계 상공의

　　　먹구름을 쫓아낼 수 있다.）

　　ㄷ. 10.31特朗普抬升金价, **油市再次乌云密布**。(搜狐2017年10月

　　　31日)

　　　 (10.31 트럼프가 금값을 올린 후에 유가는 다시 먹구름

　　　이 끼었다.）

　　ㄹ. 1955年, 两岸对峙、**战云**密布的年代（新华网2018-02-17）

　　　（1955년, 양안은 대치하고 전운이 감돌았다.）

　　ㅁ. 我该怎么办 我们**家从此阴云密布**。

　　　（우리 집에 있어서 먹구름이 잔뜩 끼어서 나는 어떻게 해

　　　야할지 몰라요.）

　　ㅂ. 老师的一席话, 把我们**心头的疑云**驱散了。

　　　（선생님의 말씀이 우리들의 마음속에 있는 의심을 쫓아버

　　　렸다.）

　　ㅅ. 哥哥刚才还是晴空一样的**脸**, 忽然**阴云**密布, 笑容顿消。

　　　（오빠는 방금도 맑고 깨끗한 얼굴이었는데 갑자기 찌푸

　　　려서 웃음이 사라졌다.）

　하늘에 뭉게구름이 모여 햇빛을 가리고 하늘을 차단하면, 날이 어두

워져 우울함을 느끼게 한다. 인간은 구름에 의한 이러한 경험을 통해

구름과 '어두움'을 연관 짓게 된다. 이러한 경험을 바탕으로 '국제관계,

정치, 경제, 안색, 집안 분위기, 마음 변화, 전쟁의 징조' 등의 부정적 인식을 '구름'을 통해 표현한다. (128ㄱ-ㅁ)에서 '乌云'은 '검은 색 구름'이고 '阴云'은 '흐린 구름'이다. 이 두 가지 '구름'은 다 하늘을 가지고 '구름'위에 있는 하늘을 보지 못하게 한다. 이러한 '구름'은 '국제 관계, 정치, 전쟁, 집안'의 부정적인 분위기로 볼 수 있다. 이를 통해 '국제 관계, 정치, 전쟁, 집안'의 분위기가 긴장되어 앞으로 어떤 안 좋은 방향으로 발전할지 예측 불가능한 경우를 표현한다. 이것은 '乌云', '阴云'의 색깔이 어둡고 하늘을 덮치면 하늘(128ㄱ-ㅁ)에서 '구름'은 분위기로 인해 앞이 캄캄하고 일의 발전도 좋지 않은 상태가 이루어지는 표현으로 전이해 나간다. (128ㅂ)과 (128ㅅ)에서는 하늘에 구름이 가득 낀 상황을 가지고 사람의 의심과 안색이 흐린 것을 표현한다. 즉 날씨는 사람의 마음과 얼굴로 여기고 구름은 사람의 의심과 흐린 표정으로 개념화한다. 이 특성은 사람의 인지 활동을 통해 구름의 인지의 경험은 추상적인 '마음, 안색' 등으로 확장해 나간다.

(129) 然而, **苦难**不过是一片**乌云**, 远望去墨黑一片。
(그러나 고난은 먹장구름이었다. 멀리 보면 캄캄하다.)

검은 구름의 출현은 보통 큰 비와 강풍을 동반하여, 농가에 큰 피해를 준다. 농경사회에 큰 부정적 영향을 미치는 '검은 구름'은 하나의 시련, 어려움을 대변하게 된다. (129)에서 근원영역의 '云'을 목표영역의 '어려움'으로 사상하는 은유표현이다. '乌云'이 끼면 하늘을 덮어버려서 날씨가 어두워진다. 이런 경험을 통해 추상적인 어려움에 부여한다. 여기서 먹구름은 어려움으로, '乌云'이 끼는 것은 불평이 쌓이는 것으로 사상한다.

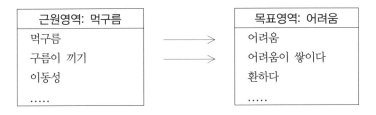

근원영역: 먹구름		목표영역: 어려움
먹구름	⟶	어려움
구름이 끼기	⟶	어려움이 쌓이다
이동성		환하다
……		……

(130)ㄱ. 如果你只想跟他巫山**云雨**[47]，这个男人也许会是个不错的家伙。

　　　(너는 그 사람과 성애만 하려면 그는 괜찮은 놈이다.)

　　ㄴ. 贾宝玉初试**云雨情**[48]。

　　　(가보옥은 처음에 성애를 시도한다.)

(130)에서 '云雨'는 명사 '云'과 '雨'로 결합하여 형성된 명사형합성 어이다. 중국의 옛말인 '云雨'[49]는 하늘과 땅이 결합하여 나타난 것이 라는 생각이 반영된 표현이다. 이때 남자는 하늘이고 여자는 땅으로 생각한다. 남녀의 성애 행동은 하늘과 땅의 결합, 그리고 구름과 비는 남녀 성애 후에 나타난 산물로 사상한 은유표현이 된다.

---

47) 原指楚国神话传说中巫山神女兴云降雨的事。战国 · 楚 · 宋玉《高唐赋》："妾在巫山之 阳，高丘之阻。旦为朝云，暮为行雨，朝朝暮暮，阳台之下。"后人用以称男女欢合。

48) 《庄子 · 天下》言黄燎问"天地所以不坠不陷风雨雷霆之故"，便将风雨雷电的根源落实到 天和地了。《老子》第三十二章又说："天地相合以降甘露。"

(「장자 천하」말은 황료문은 "하늘이 땅에 떨어지지 않는 것은 비, 바람, 우레, 번개 등 때문 이라고 한다. 여기서 비, 바람, 우레, 번개 등의 근원은 하늘과 땅이라고 한다. 「노자」32장은 '하늘과 땅이 결합하여 단비가 내리나.')

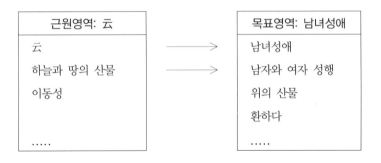

중국어 '云'을 근원영역으로 삼은 표현은 '구름'의 위치, 변화, 이동성, 영향, 양의 많음, 하늘과 땅의 산물 등의 확장 양상을 보인다. 그림으로 정리하면 아래와 같다.

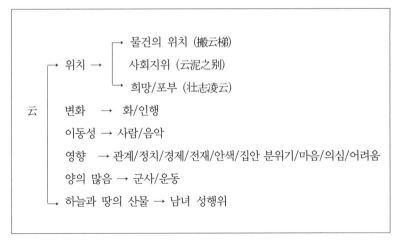

〈그림 19〉 '云'을 근원영역으로 삼은 표현

4.3. 雨

이 절에서는 비 어휘의 종류와 '雨' 관련 표현 두 가지로 나누어 인지적 기제를 기준으로 하여 정리해 보고자 한다.

4.3.1. '雨' 어휘의 종류

이 항에서는 '雨' 어휘의 종류와 '비' 관련 표현 두 가지로 나누어 인지언어학 이론을 통해 분석해 보고자 한다.

---

1) 饱雨, 　2) 甘霖/甘雨, 3) 苦雨, 4) 藥雨, 5) 毛毛雨
6) 豪雨, 7) 马鬃雨

---

1) a. 배부르게 먹여준 비는 음식이다.

(131) 枕着润湿碧翠交叠的山影睡去,更添一夜饱雨。

　　(윤이 나고 푸르고 푸른 산 그림자를 베고 자다 보면, 하룻밤
　　이 되면 비가 올 것이다.)

(131)에서 '饱雨'는 형용사 '饱'와 명사 '雨'로 구성된 명사형 합성어이며, 배부르게 먹여준 비라는 뜻이다. '饱(배가 부르다)'는 사람이 밥을 많이 먹고 나타난 꽉 찬 경우를 뜻한다. 이것을 흙을 다 젖을 정도로 비가 많이 와서 수분을 주는 것으로 사상한 은유 표현이다.

근원영역: 음식	목표영역: 비
음식 　　　　　　⟶	비
음식을 먹기 　　⟶	비가 내리기
배가 부르게 먹기 ⟶	빗물로 흠뻑 젖기
……	……

b. 필요할 때 내리는 비는 단 음식이다.

(132) ㄱ. 小草, 在春日里, 吸吮着汩汩的**甘霖**。

　　　(작은 풀은 봄날에 콸콸 거리는 단비를 빨고 있다.)

　　ㄴ. **甘雨**滋润, 桃李枝头蓓蕾红。

　　　(단비가 촉촉하게 내려 복숭아꽃과 살구꽃이 피어났다.)

(132)의 '甘霖50)'는 형용사 '甘'와 명사 '霖'로 구성된 명사형 합성어이고 '甘雨'는 형용사 '甘'와 명사 '雨'로 구성된 명사형 합성어이며, 둘의 의미는 '가뭄에 곡식이 다 마를 때에 기다렸다가 오는 비'이다. 맛은 음식이 가지는 속성이다. 그렇기에 '甘霖'과 '甘雨'는 '비는 음식이다'라고 이해할 수 있다. 음식을 비로, 단 맛을 비가 곡식에 갈증을 풀어주는 것으로 사상한 표현이다.

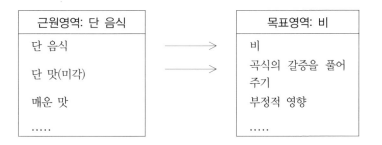

c. 오래 내려서 재해가 된 비는 쓴 음식이다.

(133) 太行山的**苦雨**, 早被革命歌声唱断。

　　　(태행 산의 고우는, 일찍 혁명의 노래로 멈췄다.)

---

50) '霖'은 오래 내리는 비의 뜻이다. '甘霖'은 '甘雨'와 같은 뜻으로 본다.

(133)에서 '苦雨'는 형용사 '苦'와 명사 '雨'로 구성된 명사형 합성어이며, '시간이 오래 내려서 재해가 된 비'를 뜻한다. 맛은 음식이 가지는 속성이기에 '苦雨'는 '비는 음식이다'라고 이해할 수 있다. 음식을 비로, 쓴 맛을 비가 과도적으로 내려 곡식에 해가 된 것으로 사상한다.

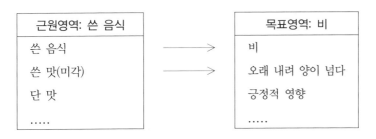

근원영역: 쓴 음식	목표영역: 비
쓴 음식	비
쓴 맛(미각)	오래 내려 양이 넘다
단 맛	긍정적 영향
......	......

2) 벌레를 죽이는 비는 약이다.

(134) 下了一場**药雨**。

(134)은 '药雨'[51]은 명사 '药'과 '雨'로 결합하여 구성된 명사형 합성어이며, 입동 후, 소설 전에 내린 비이다. '药雨'는 다시 '약 같은 비'라고 풀어서 이해할 수 있다. 이런 비가 내리면 식물에게 해를 주는 벌레들이 겨울잠에 들며 움직이지 않는다. 이러한 경험을 바탕으로 한 은유로, 식물에게 좋은 약이라는 뜻을 가진다. 약은 비로, 약의 효용은

---

51) 指农历立冬后小雪前所下的雨。宋 陈元靓《岁时广记·冬·入液雨》:"《琐事録》:'闽俗立冬后过壬日, 谓之入液, 至小雪出液, 得雨谓之液雨;无雨则主来年旱……又谓之药雨, 百虫饮此水而蛰.'
(입동 후에 소설 전에 내린 비이다. 송 진원정의《세시광기·동·입액우》:"「간소록」은 민지역의 풍습은 입동후에 임일을 보내는 것은 입액이라고 한다. 소설에는 출액이라고 한다. 비가 내리면 액비라고 한다. 비가 안 내리면 다음 해는 가뭄이 된다.....또 그 약비라고 하는데, 백충이 이 비물을 마시고 잠을 잔다.')

비의 차가움으로 사상한 은유적 표현이다. 이 점은 한국의 약비와 내리는 시간이 다르고 의미도 다르다.

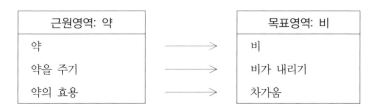

근원영역: 약		목표영역: 비
약	⟶	비
약을 주기	⟶	비가 내리기
약의 효용	⟶	차가움

3) 양이 적고 가늘게 내리는 비는 털이다.

(135) 虽然天下了点**毛毛雨**, 但并没有影响我们。
　　　(약간의 가랑비가 있었지만, 우리에게 영향을 주지는 않았다.)

(135)중에 '毛毛雨'는 명사 '毛'과 '雨'로 구성된 명사형 합성어이며, 양이 적고 가늘게 내리는 비이다. '毛毛雨'에서 '毛'는 소의 털이고 이 어휘의 의미는 '소의 털과 같은 비'로 이해할 수 있다. 소의 털이 가늘다는 속성이 '毛毛雨'의 빗줄기가 가늘다는 속성과 유사하다. 여기서 소의 털은 근원영역이고, 비는 목표영역으로 삼는다. 소털의 가늘다는 속성을 '雨'에 부여한다.

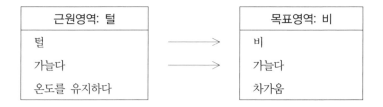

근원영역: 털		목표영역: 비
털	⟶	비
가늘다	⟶	가늘다
온도를 유지하다		차가움

6) 세차게 내리는 비는 호저의 털이다.

(136) 广州下班高峰期遭遇**豪雨**。

(광저우가 퇴근하는 시간에 호우가 왔다.)

(136)에서 '豪雨'는 명사'豪'와 '雨'로 구성된 명사형 합성어이며 폭우라고도 한다. '豪雨'[52]는 '호저 털 같은 비'이라 이해할 수 있다. 여기서 호저 털의 딱딱한 촉각을 비가 세차게 내리는 힘을 표현한다. 즉 호저의 털을 비로 사상한 은유적 표현이다.

근원영역: 호저		목표영역: 비
호저	⟶	비
호저의 털	⟶	비의 세찬 힘
온도를 유지하다		차가움
......		......

7) 세차게 많이 내리는 비는 말의 갈기이다.

(137) 清 蒲松龄 《七月酷暑》 诗：“顿思崩雷裂礙云，普天一洗马鬃雨。”

청 蒲松龄 시 「칠월 폭염」편 '벌어진 구름 속에 천둥치고 갑자기 내 생각이 끊겨, 갈기 같은 비가 온 세상을 깨끗하게 씻어 줬네.'

(137)에서 '马鬃雨'는 명사 '马鬃'와 '雨'로 구성된 명사형 합성어이며 폭우라는 뜻이다. '马鬃'은 갈기이어서 '马鬃雨'는 갈기와 같은 세차

---

52) 《字　源 》第846页 本义为豪猪。引申为动物身上长而硬的毛。

고 많은 비라고 다시 풀어서 이해할 수 있다. 여기서 말의 갈기의 길고 딱딱한 특성을 '비'가 긴 시간 내리는 것과 세찬 힘으로 사상한다.

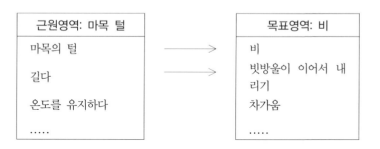

위의 중국어 '雨' 의 의미 확장은 동물의 신체부위(毛毛雨 /豪雨/马鬃雨), 효과(藥雨), 음식(饱雨/甘霖/甘雨/苦雨) 세 가지로 나눌 수 있다.

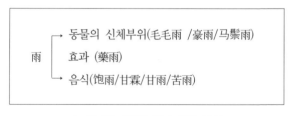

〈그림 20〉 '雨'의 의미 확장 도식

4.3.2. '雨' 관련 표현

이 항에서 개념적 은유를 통해서 '雨'에 관련된 표현을 분석하고자 한다. 이 항에서 '雨'는 목표영역과 근원영역 두 가지로 나누어 논의하도록 한다.

1) '雨'를 목표영역으로 삼은 표현

(138) 今天早上还阳光明媚，下午居然下起了**倾盆大雨**。

(오늘 아침에 햇살이 좋았는데 오후에 장대비가 내리기 시작
했다.)

(138)의 '倾盆'이라는 단어는 대야의 물을 붓는다는 뜻이다. 이는
'그릇 도식'을 바탕으로 한 표현인데 하늘을 대야로 여기고 비는 대야
에 담은 액체(내용물)로 여긴 표현이다. 비가 한꺼번에 내리는 것을
바로 대량의 액체를 붓는 장면과 유사성이 있다는 인식을 바탕으로 한
표현이다.

근원영역: 액체		목표영역: 비
액체	$\longrightarrow$	비
그릇	$\longrightarrow$	하늘
그릇 밖	$\longrightarrow$	하늘에서 내리기
음식		가늘다
……		……

2) '雨'를 근원영역으로 삼은 표현

(139) ㄱ. <u>六百多万</u>,对那些想当村长的有钱人来说,<u>毛毛雨</u>啦!

(육백여만 원이, 촌장이 되고 싶은 부자들에게, 보잘 것
없다!)

ㄴ. 只是猜忌和反感的气氛更浓了，不时地引起一些<u>毛毛雨般的小</u>
<u>吵小闹</u>。

(다만 시기심과 반감의 분위기가 더욱 짙어져, 때로는 가
랑비 같은 작은 소동을 일으키기도 한다.)

(139)의 '毛毛雨'는 가늘게 내리는 가랑비를 의미한다. (139ㄱ)에서는 '雨'는 돈으로, 비의 구체적인 양은 돈의 추상적인 양의 적음으로 사상한다. 이 표현은 비의 양적인 특성에 의해서 확립된다. (139ㄴ)에서 '毛毛雨'의 양적인 특성을 가지고 소동의 정도, 즉 질을 표현한다. 즉 '雨'는 소동으로 '毛毛'는 소동의 질(정도가 낮다)로 사상한다. (139ㄱ)의 은유 양상은 다음 그림으로 제시할 수 있다.

근원영역: 비		목표영역: 돈
비	$\longrightarrow$	돈
비의 양	$\longrightarrow$	추사적인 돈의 양
이동성	$\longrightarrow$	부자 상징
……		……

(140) ㄱ. 脑门上顿时**汗如雨下**，杨阳捂紧手中的文件。

　　　　（머리에 갑자기 땀이 비 오듯이 쏟아져, 양 씨가 손에 쥐고 있는 서류들을 덮었다.）

　　　ㄴ. 我已经**泪如雨下**。

　　　　（나는 이미 눈물을 비 오듯 흘렸다.）

　　　ㄷ. 在枪林**弹雨**的战场上，我们的战士顶住了敌人的疯狂进攻。

　　　　（총탄이 빗발치는 전쟁터에서 우리의 전사는 적의 미친 공격을 견디어냈다.）

　　　ㄹ. **流星雨**是罕见的宇宙奇观。

　　　　（유성우는 보기 드문 우주의 기이한 광경이다.）

　　　ㅁ. 北京市民夹道欢迎，**花雨**满天，欢雷震地。

　　　　（베이징 시민들은 환영하며, 꽃비가 온 하늘을 뒤덮었고, 환호성을 지르고 있다.）

큰 비는 하늘을 뒤덮고, 강우량 역시 매우 집중되어 사람에게 주는 느낌이 아주 강렬하다. 이러한 강렬한 심상을 거대한 물체, 국면으로 사상한 경우가 많다.

(140ㄱ)에서 '汗如雨下'는 땀이 비 오듯 쏟아진다는 의미이고, (140ㄴ)에서 '泪如雨下'는 눈물이 비 오듯 쏟아진다는 뜻이다. 땀방울, 눈물방울은 빗방울의 외형과 구성요소가 유사하고 빗방울이 하늘에서 떨어지는 장면이 땀과 눈물이 쏟아지는 모습이 유사하다. 이러한 이유로 땀방울과 눈물방울이 사람 몸에서 땅으로 많이, 그리고 속도가 빠르게 쏟아지는 것을 '비 오듯'으로 은유한다. (140ㄷ,ㄹ)에서 '弹雨, 流星雨'는 한국어로 '총알, 유성'이다. 사물 구성요소의 비와 유사성은 없지만, 물체들이 목표를 향해 가는 속도와 양의 유사성에 의해 비로 은유한 것이다. (140ㅁ)의 '花雨'는 한국어로 '꽃비'이다. 꽃잎이 땅으로 떨어질 때 바람에 많이 흩뿌리는 장면을 비가 오는 상황으로 사상한 은유 표현이다.

(141) ㄱ. 后危机时代的全球经济并未<u>雨过天晴</u>。

　　　　(후 위기시대였던 글로벌 경제는 일찍 좋아지지 않는다.)

　　ㄴ. 难以想象，他是怎样渡过那<u>风雨交加的日子</u>的。

(그가 어떻게 비바람을 견뎌낼 수 있었는지 상상하기 어렵다.)

비는 곡식에 물을 주는 은혜로운 존재이기도 하지만 그 정도가 심해지면 홍수를 일으켜서 사람들에게 큰 손해를 입히는 재앙으로도 다가온다. 또한 재앙수준이 아니더라도 비가 올 때는 사람들이 일을 진행하기가 어려워진다. 이러한 경험에 의해 비의 부정적 인식이 발생한다. 이런 인식에 의해 비를 통해 (141ㄱ)에서와 같이 부정적 표현이 가능해진다. '雨过天晴'는 비가 마치고 하늘이 맑아진다는 의미인데 여기서 비가 오는 것이 부정적이고 비가 마치는 것이 긍정적으로 본다. 예시에서 '경제위기'가 오는 것이 부정적이고 '위기'를 극복한 것을 긍정적으로 여긴다. '비'의 특성과 '경제위기'의 이러한 상황과 유사하다. 이로써 '비'는 경제위기로 사상한다. (141ㄴ)에서는 '风雨交加'는 비와 바람을 아울러 이르는 말이다. 예시에서 '비'가 많이 내리면 인생에서 만나는 어려움과 유사하다. 즉 '비'는 인생의 '어려움, 난관' 등의 의미를 부여한다. (141)은 비가 만든 안 좋은 영향에서 이탈하고자 하는 의지와 시련을 극복하려는 의지 사이의 유사성에 의해서 은유된다.

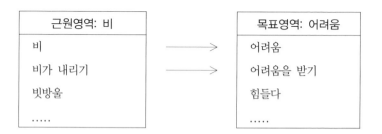

(142) ㄱ. 如果一个人把生活兴趣全部建立在爱情那样**暴风雨般的感情**冲

动上，那是会令人失望的。

(만약 한 사람이 생활의 관심을 폭풍우 같은 사랑에 둔다
면, 그것은 실망스러운 것이다.)

ㄴ. 在革命的狂风暴雨下，腐败王朝已濒临摇摇欲坠的状态。

(혁명의 폭풍우속에서, 부패왕조는 이미 흔들거리는 상태
에 이르렀다.)

(142ㄱ)의 '暴风雨'는 형용사 '暴'[53]와 명사 '风+雨'를 결합하여 구
성된 명사형 합성어이다. 이 어휘의 본 의미는 몹시 세찬 바람이 불면
서 쏟아지는 세찬 비이다. 여기는 날씨가 감정으로 '暴风雨'는 감정의
충동을 지칭하는 것이다. 여기서 비가 세차게 내리는 특성은 감정의
맹렬함의 유사성으로 이루어진 은유이다. (168ㄴ)에서 형용사 '暴'과
명사 '雨'를 결합하여 구성된 명사형 합성어이다. 사회와 정부를 기후
로 여기고, 혁명을 '风, 雨'로 여기고, 혁명 중의 맹렬한 공격과 투정을
'风, 雨'의 세찬 힘으로 사상한 은유표현이다.

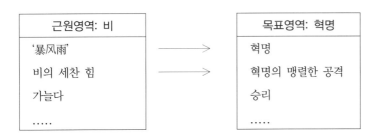

근원영역: 비	목표영역: 혁명
'暴风雨'	혁명
비의 세찬 힘	혁명의 맹렬한 공격
가늘다	승리
……	……

(143) 这件事在公诸于世之前早就传得满城风雨。

(이 일은 세상에 널리 알려지기 전에 벌써 소문이 자자하다.)

---

53) '暴'는 갑자기 강하고 급하며 맹렬한 의미를 표시하는 형용사이다.

(143)의 '风雨'는 '风'과 '雨'를 결합하여 구성된 명사형 합성어이다. 여기서 비가 내리는 범위가 한 지역에서 다른 지역으로 확장할 수 있는 특성에 근거하여 소문이 퍼지는 것으로 사상한다.

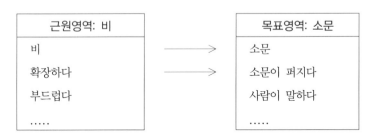

(144) 正当我愁着这道题怎么解的时候, 他就出现了, 真是**及时雨**啊
　　　(내가 이 문제를 어떻게 풀어낼 수 있을지 걱정이 되는데, 그가 나타났으니 나에게 정말 단비 같은 소식이다!)

비는 땅을 촉촉하게 적시고 식물에 물을 준다. 그렇기 때문에 농경 사회에서 제때에 오는 비는 은혜로운(긍정적인) 일이다. 예문 (144) 중 '及时雨'의 의미는 농작물이 꼭 필요할 때 내리는 비이다. 이 표현은 중요 한 순간에 어려운 일을 해결해 줄 사람이 나타나는 경우에도 사용된다. 즉 어려운 문제는 식물의 갈증으로, 문제를 해결할 사람은 비로 사상한다.

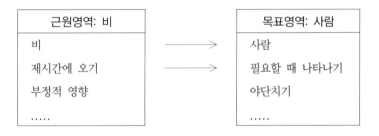

이와 같이 (144)는 비를 근원영역으로, 사람을 목표영역으로 삼은 은유적 표현이다.

'雨'를 근원영역으로 삼은 표현은 '비'의 양, 떨어지는 양상, 부정적 영양, 센 힘, 확산, 시간 등의 특성을 '사소한 일, 밀집한 것, 어려움, 감정, 혁명, 소문과 필요할 때 나타나기' 등으로 사상한다. 그림으로 정리하면 아래와 같다.

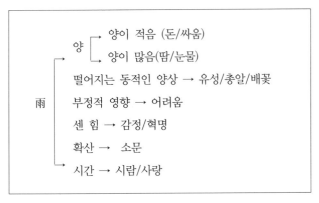

〈그림 21〉 '雨'를 근원영역으로 삼은 표현

4.4. 雪

이 절에서는 '雪' 어휘의 종류와 '雪' 관련 표현 두 가지로 나누어 인지언어학 이론을 통해 분석해 논의하고자 한다.

4.4.1. '雪' 어휘의 종류

이 항에서 '雪' 어휘의 종류를 살펴보고 개념적 은유를 통해서 분석하도록 한다. 한국어에서 개념적 은유를 통해서 구성된 대표적인 '雪'

어휘는 아래 표와 같다.

---

1) 鵝毛大雪,　2) 米雪

---

1) 눈은 거위 털이다.

(145) 这时候正是入多天气，外面下着**鵝毛大雪**。

　　(이때가 바로 겨울 날씨가 되어 밖 서 함박눈이 펑펑 쏟아졌다.)

(145)의 '鵝毛大雪'[54]은 명사 '鵝毛'와 형용사 '大'와 명사 '雪'가 결합하여 구성된 명사형 합성어이며, 거위 털과 같은 눈이라는 뜻이다. '거위 털(鵝毛)'은 하얀 색이며 무게는 가볍고 바람에 날아다닐 수 있는 특성을 가진다. 눈송이의 색깔과 무게를 '거위 털(鵝毛)'로 은유하여 흩날리는 모양을 은유적으로 표현한다.

근원영역: 鵝毛	목표영역: 눈
鵝毛　　　⟶	눈
크다　　　⟶	눈송이 크다
색깔　　　⟶	희색
무게　　　⟶	가벼움
……	……

2) 작고 딱딱한 눈은 좁쌀이다.

---

54) '鵝毛雪'은 당나라 시인 백거이(白居易)의 시《雪夜喜李郎中见访》："可怜今夜鵝毛雪，引得高情鹤氅人。"에서 나왔다.

(146) 唐刘言史 《北原情》 诗之一 :「**米雪**晚霏微，墓成悄无人。」

　　　　(당나라 유언사의 시 「북원정」은 '좁쌀눈이 녹 아, 무덤을 만

　　　든 후에 사람들이 가서 조용해졌다'고 말했다.)

(146)의 중국어 '米雪'[55]은 명사 '米'와 '雪'로 구성된 명사형 합성

어이며, 작은 눈이라고 한다. 여기서의 '米'는 한국어로 '좁쌀'인데 알

이 작고 딱딱하다. 이러한 특징을 눈이 피지 않은 모양과 유사하다 여

겨 은유한 표현이다.

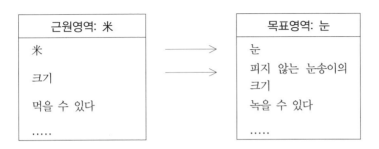

중국어 '雪'의 은유표현은 주로 눈의 모양과 색깔 두 가지로, '米雪,

鵝毛大雪'로 나타난다. 다음과 같이 도식화 할 수 있다.

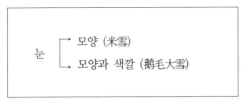

〈그림 22〉 '雪'의 의미 확장 도식

---

55) 한국 방언에서도 '좁쌀눈'이라는 말이 있는데 (임정미, 2011:198)에서는 '좁쌀눈'
을 명명한 화자의 인지는 '싸라기눈'을 명명한 화자보다 실재물이 더 작은 눈으로
한다고 본다. 그러나 필자는 방언 '좁쌀눈'이라는 말을 쓰는 평북지역이 좁쌀을 생
산해서 거기 사람들이 이 실재물을 체험하는 전제가 이고 '싸라기눈'과 비교할 수
없고 체험하는 실재물이 달라서 인지차이 나타난다고 주장한다.

4.4.2. '雪' 관련 표현

이 항에서는 개념적 은유를 통해서 '雪'에 관련된 표현을 분석하고
자 한다. 이 항에서는 '雪'을 목표영역과 근원영역 두 가지로 나누어
논의한다.

1) '雪'을 목표영역으로 삼은 표현

(147) 10分钟后天空开始降雪，20分钟后棉絮般的雪花开始飘落。
　　　(10분 후에 하늘에서 눈이 내리기 시작하자 20분 만에 솜 같
　　　은 눈꽃이 흩날리기 시작했다.)

(147)의 '棉絮'는 한국어로 목화에서 씨를 빼고 얻은 폭신폭신한 솜
이다. 눈이 부분인 눈송이를 대신하여 목화솜의 흰색, 크기 그리고 폭
신폭신한 형태 등의 특징을 눈송이에 사상한 은유표현이다.

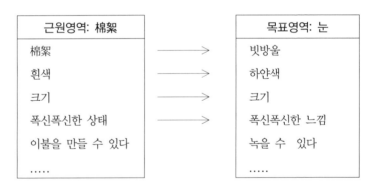

(148) 那是两年前，在一个大雪飞舞的日子。
　　　(그것은 2년 전, 큰 눈이 내린 날이었다.)

(148)에서 '舞'는 무정물인 눈은 할 수 없고 사람만이 할 수 있는 동작이다. 그렇지만 눈송이가 바람에 의해서 흩날리는 형상을 사람이 사지를 흔들며 춤을 추는 것과 유사하게 여긴다. 그리하여 이러한 춤이라는 개념을 눈이 오는 형상으로 은유한 표현이 가능해진다.

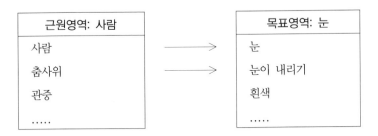

(149) 雪花疯狂的咆哮着，打在脸上如同**针扎**一般，**冰凉刺骨**。

    (눈송이 가 미친 듯이 포효하며, 얼굴에 바늘을 찌르는 것처럼 차갑다.)

(149)는 눈송이가 바람에 따라 사람의 얼굴에 떨어지면서 주는 촉각과 눈의 차가움을 바늘('针')에 의한 찌르는 통증에 사상한 은유표현이다. 이때 '바늘'은 근원영역으로 되고, '눈'은 목표영역으로 된다.

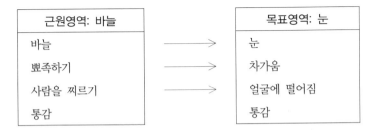

'雪'을 근원영역으로 삼은 은유 표현은 주로 '솜의 크기와 색깔, 사

람이 춤을 추는 모양, 침이 사람을 지르는 통감'을 통해서 '눈의 모양, 이동성, 차가움' 세 가지를 표현한다. 그림으로 정리하면 아래와 같다.

雪 ┬→ 모양 → 크기와 색깔(棉絮般的雪花)
　　├→ 이동성 → 사람(大雪飞舞)
　　└→ 차가움 → 침(雪花如同针扎一般)

〈그림 23〉 '雪'을 목표영역으로 삼은 표현

2) '雪'을 근원영역으로 삼은 표현

(150) ㄱ. 只是她那艷如桃李之中却又凛如霜雪。

(다만 그녀 복송아와 살구꽃처럼 예쁜 얼굴이 지나치게 엄숙하다.)

ㄴ. 一接触到安王爷那冷如<u>冰雪的眼神</u>, 那满脸的喜悦便僵在脸上。

(안왕의 얼음처럼 차가운 눈이 닿자마자 그 기쁜 얼굴이 굳어졌다.)

(150)의 霜雪, 冰雪는 명사 '雪'과 명사 '霜', '冰'이 각각 결합하여 구성된 명사형 합성어이다. '霜雪' '冰雪'은 눈의 차가운 특성을 가지고 있다. (150ㄱ)의 얼굴은 '雪'의 차가운 촉감이 사상하여 의해 엄숙한 얼굴이라는 의미를 가지게 된다. (150ㄴ)는 '雪'의 차가운 촉감에 의해 감정이 없는 눈길을 뜻하게 된다. 이처럼 (150)은 '雪'의 촉감 특성을 통해 '얼굴과 시선' 등의 신체적 요소를 은유한 것이다.

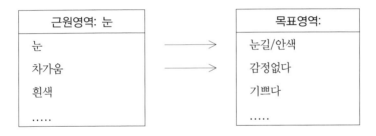

근원영역: 눈		목표영역:
눈 차가움 흰색 ……	⟶ ⟶	눈길/안색 감정없다 기쁘다 ……

(151) ㄱ. 生意亏损像滚雪球一样，终于发展到夫妇俩无法处理的程
　　　度。

　　　(장사 적자가 눈덩이처럼 되어 결국 부부가 할 수 없는
　　　정도로 발전했다.)

　　ㄴ. 农民负担便像滚雪球似的，愈加沉重。
　　　(농민의 부담이 눈덩이처럼 불어나고 있다.)

　　ㄷ. 财富如同滚雪球般越滚越大。
　　　(재산이 눈덩이처럼 불어나다.)

　　ㄹ. 效益就像滚雪球一样，越滚越大。
　　　(수익이 눈덩이처럼 불어나다.)

(151)는 '滚雪球'는 한국어로 눈덩이를 굴린다는 의미이다. 눈덩이
의 부피가 커져나가는 것을 '적자('亏损'), 부담('负担'), 재부('财富'),
수익('效益')' 등의 양이 증가하는 추세로 사상한 은유표현이다. 눈덩
이를 굴리면 굴릴수록 부피가 커지는 것을 추상적인 '적자, 부담, 재부,
수익'의 양이 점차 커져나가는 것에 사상한다. 즉 실체인 눈의 부피를
가지고 추상적인 가치의 변동을 은유한 것이다. 중국어에서 '눈덩이를
굴린다'는 (151ㄱ, ㄴ)과 같이 부정적인 용법도 있고 (151ㄷ, ㄹ)과 같
이 긍정적인 용법도 있다.

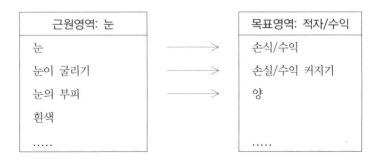

근원영역: 눈	목표영역: 적자/수익
눈	손식/수익
눈이 굴리기	손실/수익 커지기
눈의 부피	양
흰색	
……	……

(152) ㄱ. 告急**文书**像**雪片**一样飞到朝廷。

(긴급 문서가 눈송이처럼 조정으로 날아갔다.)

ㄴ. 一时间, 群众来**信雪片**般飞向国家濒危物种管理办公室。

(한순간의 군중들의 편지는 국가가 위태로운 지경에 이른 물종 관리 사무실에 날아간다.)

ㄷ. **献花´ 영예여설片**飞来。

(꽃을 바치는 것과 영예가 눈꽃처럼 날아들다.)

(152)는 눈의 얇은 특성을 양사 '片'56)으로 '편지(文书), 문서(信), 명예(名誉)'에 부여하여 개념화한다. (152ㄱ, ㄴ)에서는 문서와 편지의 얇은 형태를 눈을 통해 표현하고 눈이 떨어진 장소인 땅을 '조정(朝廷)과 사무실(办公室)'로 사상한다. 눈이 오는 과정으로 문서와 편지를 보내는 과정으로 은유한 표현이다. (152ㄷ)는 눈이 내리는 형상을 꽃이나 추상적인 명예의 들고 남에 사상하여 형성된 은유이다.

---

56) '片'은 '나무조각'이란 뜻에서 분류사가 된 것이다. 여기서 원형적으로 평평하고 얇은 사물을 나무 조각과의 유사성으로 범주화한다. (Liu, Fang, 2016: 참조)

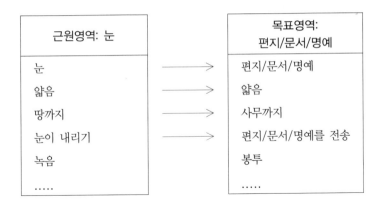

(153) ㄱ. 对已经严重亏损的峨岭粮站更是<u>雪上加霜</u>。

(이미 심각한 적자를 내고 있는 아령식량 보급소는 설상
가상이다.)

ㄴ. 面对<u>困境</u>, 久经风霜雪雨的厂领导一班人临危不惧。

(어려움을 겪고 있는 오랜 세월 동안 온갖 시련을 겪었던
공장 리더십이 위태롭다.)

ㄷ. 赈<u>灾</u>款对灾区人民而言无言是<u>雪</u>中送炭。

(재해 구제금은 재해지역 사람들에게 말할 수 없는 도움
이다.)

눈은 그 차가운 특징에 의해 많이 내리면 사람과 농작물에 재해가
된다. 이러한 경험은 각종 어려움의 속성을 가지게 한다. (153)에서는
차가운 '눈'을 '어려움'으로 눈을 참는 것은 사람이 어려움을 극복하는
것으로 사상한다. 이와 같이 (153)에서의 근원영역은 '눈'이고, 목표영
역은 '재난, 어려움' 등이다.

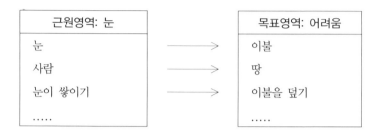

근원영역: 눈	목표영역: 어려움
눈	이불
사람	땅
눈이 쌓이기	이불을 덮기
……	……

(154) ㄱ. 目前我国电话需求很旺盛，在普及率超过５％的许多地区，**需求** 正呈现出成片成批的"**雪崩**"状况。

(현재 우리나라의 전화수요가 왕성하게 진행되고 있으며 보급률이 5%를 넘는 많은 지역에서 수요는 '눈사태' 상황을 보이고 있다.)

ㄴ. 股民被熊市套住，苦不堪言，有的甚至担心**股市**发生"**雪崩**"。

(주식 투자자들은 웅덩이에 묶이고, 고통스러워하면서 주식시장의 '눈사태'까지 우려했다.)

눈이 많이 오고 난 후, 많이 쌓였던 눈이 갑자기 무너지거나 빠른 속도로 미끄러져 내리면 눈사태가 일어난다. 이런 현상은 국민의 생명과 재산에 중대한 위협이 된다. 눈의 이 특성을 빌려서 추상적인 개념을 은유한다. (154ㄱ)의 내수시장(需求)과 (154ㄴ)의 주식시장(股市)과 같이, 예상한 수준을 넘어서는 것을 자연물인 눈사태로 은유하여 표현한다.

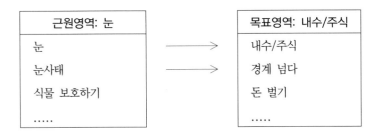

근원영역: 눈	목표영역: 내수/주식
눈	내수/주식
눈사태	경계 넘다
식물 보호하기	돈 벌기
......	......

중국어 '雪'을 근원영역으로 삼은 은유 표현은 '눈의 많은 양, 차가움, 눈사태와 부정적인 영양' 네 가지를 '부정적인 손익/부담, 긍정적인 재물/수익, 차가운 눈길(眼神), 어두운 안색과 어려움'으로 사상한다. 그림으로 정리하면 아래와 같다.

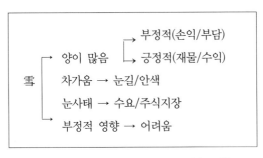

〈그림 24〉 '雪'을 근원영역으로 삼은 표현

제**5**장

한국어와 중국어 날씨
어휘의 대조 분석

제5장 한국어와 중국어 날씨 어휘의 대조 분석

이 장에서 주로 3, 4장에서 분석한 내용을 토대로 한국어와 중국어 날씨 어휘에서의 공통점과 차이점을 발견하고 그 원인을 설명하고자 한다.

5.1 대조 분석

이 절은 주로 한국어와 중국어 날씨 어휘의 인지 과정을 대조하고 두 언어의 공통점과 차이점을 밝히려고 한다.

5.1.1. 한국어 '바람'과 중국어 '风'의 대조

5.1.1.1. 한국어 '바람' 어휘 종류와 중국어 '风' 어휘 종류의 대조

먼저 3.1. 한국어 '바람' 어휘 종류와 4.1. 중국어 '风' 어휘 종류의 분석을 토대로 한·중 '바람' 어휘의 종류를 대조 분석하겠다. 3.1.과 4.1.의 내용을 바탕으로 아래와 같이 표로 정리하면 아래와 같다.

근원영역	특성	목표영역	
		한국어 바람	중국어 风
음식	차가움	고추바람	
무기		칼바람	
황소	내재된 힘	황소바람	
왕		왕바람	

동물 신체부위	방향	꽁무니바람	
마음(질투)	시간/차가움	꽃샘바람	
실	촉각	실바람	
명주		명주바람	
회오리(용)	모양(양/이동)	회오리바람	龙卷风(용권풍)
개	내재된 힘		狂风(광풍)
길이	시간		长风(장풍)
기분	소리		悲风(비풍)
자리	방향		上风(상풍)
			下风(하풍)

〈표 2〉 한국어 '바람'와 중국어 '风' 어휘 종류 대조

위의 표를 통해 알 수 있는 사실 중 한·중의 유사점은 다음과 같다.

한국어 '바람' 어휘 종류와 중국어 '风' 어휘 종류를 대조하여 같은 바람을 표현한 경우를 찾아보면 한국어의 '회오리바람'과 중국어의 '龙卷风'를 찾을 수 있다. 두 어휘는 모두 바람의 모양에 근거하여 형성된 어휘이다. 그러나 중국어 龙卷风은 용(龙)이 하늘의 올라가는 움직임으로 바람이 부는 모양새나 이동하는 형상을 표현한다. 한국어의 '회오리'는 바닷물이 세차게 감도는 모양으로 표현한다. 그림으로 아래와 같이 정리할 수 있다.

바람
┌→ 회오리바람 → 회오리(모양)
└→ 龙卷风 龙(모양)+卷(동작)

여기에서 부터는 한국어 '바람' 어휘와 중국어 '风' 어휘의 차이점을 살펴보도록 하겠다. 첫째, 한국어 바람 어휘의 '고추바람, 황소바람, 칼

바람, 꽁무니바람, 꽃샘바람, 실바람, 명주바람'은 개념적 은유 과정을 거친다. 이런 은유는 미각의 영역으로 은유하기도 하고, 농경사회에서 가장 힘이 센 동물인 황소로 은유하기도 한다. 그러나 같은 형태로 표현하는 '한풍'의 경우 중국어에서는 이와 같은 개념적 은유 과정을 거친 어휘가 존재하지 않는다. 이를 중국어로 번역하면 해당 어휘는 '한풍(寒风), 냉풍(冷风), 폭풍(暴风), 춘한풍(春寒风), 미풍(微风)' 등으로 번역할 수 있는데 이것은 은유적 확장 과정을 거친 어휘가 아니다. 대신에 중국어에서는 바람 '风'과 관련된 표현들을 주로 사용한다. 이런 현상의 원인은 중국어는 의미글자이기 때문에 앞에 있는 의미가 아주 구체적임으로 개념적 은유가 한국어만큼 복잡하지 않기 때문으로 보인다. 한국어는 의미글자가 아니기에 개념적 은유를 통해 의미를 확장한 것으로 보인다. 중국어 바람 이름은 '冷风, 寒风, 暴风, 微风, 和风' 등이 있다. 이런 어휘들은 개념적 은유에 해당되지 않지만 바람의 속성을 가지고 있어 문장에 들어가면 문장의 의미를 확장시킨다. 그래서 필자는 이것들을 대상으로 하여 분석하였고 두 언어 간의 차이점을 발견하게 되었다.

둘째, 중국어에서만 가지는 표현에 대해 살피겠다. 바람의 수평방향을 수직방향으로 전이한 '上风, 下风'이 있다. 바람의 내재된 힘에 의해 개의 미친 행동을 바람으로 표현한 '狂风', 거리를 표현하는 길이를 바람으로 사상된 '长风'이 있다.

5.1.1.2. 한국어 '바람' 관련 표현과 중국어 '风' 관련 표현 대조

'바람'을 목표영역으로 삼은 표현은 다음 표와 같이 나타난다.

근원영역	특성	목표영역	
		한국어 바람	중국어 风
채찍	내재된 힘	바람의 채찍	鞭子一样
사람(성격)	내재된 힘	미친 바람 사나운 바람 매섭게 불다	
말(동물) 사자	이동/소리		野马奔跑 狮子吼叫
이동수단	이동성	바람을 타다	乘风(승풍)
사람(춤)			狂舞
물	영향	바람이 씻어주다	
빗자루			扫
칼	통각	살을 깎아내다	风刀
음식		싸한 바람 맵짠 하늬바람	

〈표 3〉 한국어 '바람'와 중국어 '风'을 목표영역으로 삼은 표현 대조

위의 표로 보면 두 언어 표현에서의 공통점은 채찍의 내재된 힘과 칼이 사람에게 준 통각은, 이동수단의 이동성에 의해서 바람으로 사상한 표현이다.

(155) ㄱ. **바람의 채찍**에 맞아 귀가하는 내 모습이, 그 모진 정이 되었나요?

ㄴ. **바람 길을 탄 연**이 바람을 안고 떠올랐다.

(156) ㄱ. 一个严冬的早晨,**凛冽的**风夹着雪花,像鞭子一样抽打在人们的脸上。

(한겨울의 아침, 매서운 바람이 눈꽃을 끼고 사람의 얼굴

에 채찍질하고 있다.)

ㄴ. 在工作上，我们要敢于**乘风破浪**。

(업무에서 우리는 용감하게 바람을 타고 파도를 갈라야

한다.)

한·중 양 언어에서 같은 의미를 표현한 경우를 보면 그 근원영역이

다르다는 것을 알 수 있다.

한국어에서는 물이 옷의 더러운 것을 씻어준 결과를 바람이 땅에

더러운 것을 몰고 사라지는 것에 사상한다. 반대로 중국어에서는 빗

자루로 땅에 있는 더러운 것을 쓸어가는 과정과 결과를 바람으로 사

상한다.

(157) **바람**은 주변 **환경을 씻어준**다.

(158) 深秋的寒**风**卷着小雪**扫**过枯黄的**草**，　向远方飞去。

(늦가을의 찬바람이 노란 풀을 훑으며 먼 곳으로 날아간다.)

한국어의 '바람' 어휘만 가지고 있는 표현은 사람의 성격을 내재된

힘을 통해서 바람으로 사상하는 표현과 음식의 맛을 바람의 차가움으

로 사상한 은유표현이다.

사람의 성격 → 내재의 힘
음식(매운 맛) → 차가움　 ⎤ 바람

(159) ㄱ. 파도는 더욱 사나워졌고, **미친바람**이 빗줄기와 함께 내리

쳤다.

ㄴ. **매운바람**이 분다.

중국어의 '风' 관련 표현에만 있는 은유적 표현은, 동물의 이동과 소리를 바람의 이동과 소리로 사상한 것과, 바람으로 사람의 동작(춤)을 표현하는 경우를 들 수 있다.

$$\left.\begin{array}{l}\text{사람의 동작(춤)} \rightarrow \text{이동성} \\ \text{동물의 이동과 소리} \rightarrow \text{바람의 이동과 소리}\end{array}\right\} \text{바람}$$

(160) ㄱ. 多天的风，像一只难以驯服的**野马**，在田地里**奔跑**着。
　　　(겨울의 바람은 길들이기가 어려운 야생마처럼 밭을 달리고 있다.)

ㄴ. **狂风**好像一头发了疯的**狮子在吼**叫。
　　(몰아치는 바람은 미친 사자가 울부짖고 있는 것 같다.)

ㄷ. 风依然不停地**狂舞**。
　　(바람이 미친 춤을 추듯이 여전히 멈추지 않는다.)

2) 바람을 근원영역으로 삼은 표현은 다음의 표로 정리할 수 있다.

근원영역		특성	목표영역
한국어 바람	중국어 风		
감원바람 형화협력 바람	减员之风(감원풍) 民主化之风 (민주화지풍)	순간성/ 이동성	유행, 추세
바람이 나다 바람을 피우다	风流(풍류) 风月(풍월)	이동	감정(사랑) 남녀관계
바람 같이	风驰电掣/一个旋风	속도	행동 속도
바람을 집어넣다	煽风点火	이동/변화	마음

바람을 잡다	興風作浪		(부추김)
바람을 이겨내다 바람에 흔들리지 않은 의지	风吹雨打/ 风尘	부정적 영향	어려움
바람을 잘 탄 자리			비난 / 공격
바람이 들다		불안정성	마음
칼바람		차가움	분위기 (박해)
치맛바람		내재된 힘	엄 마 의 세력
	風暴(풍폭)	내재된 힘	혁명
	春风(춘풍)/东风(동풍_	부드러움	교육
	东风(동풍)		친 절 한 태도
	上风(상풍)	방향성	추 상 적 자리
	下风(하풍)		

〈표 4〉 한국어 '바람'와 중국어 '风'을 근원영역으로 삼은 표현 대조

바람은 '이동성, 속도, 부정적 영향, 부드러움, 방향, 불안정성, 힘' 등의 특성을 가지고 있다. 이런 특성에 의해서 한국어 '바람'과 중국어 '风'은 많은 확장의미가 발생한다. 3.1.와 4.1.의 분석을 정리하면 한국어 '바람'과 중국어 '风'은 '이동성, 속도, 부정적 영양' 등 세 가지 특성에 의한 의미 확장은 똑같은 것을 알 수 있다.

그리고 같은 의미를 표현해도 근원영역이 다르다는 점도 주목할만 하다. 이 점은 바람의 이동성에 의한 남녀관계 표현에서 나타난다. 한국어에서 '바람이 나다. 바람이 피우다'는 부부 중 한 사람이 상대방의 신뢰를 저버리고 딴 사람에게 불륜한 일을 나타내는 표현이다. 이런 표현은 중국어에서는 바람으로 표현하지 않고 여자가 바람이 나면 '빨

간 살구꽃이 담을 넘어간다(红杏出墙)'과 같이 표현한다. 다음은 예문을 통하여 은유 과정에서의 차이를 살펴보자.

(161) ㄱ. 이웃집 남자와 **바람이 난다**.

ㄴ. 아내 몰래 **바람을 피운다**.

ㄷ. 你妻子**红杏出墙**了？

(너의 마누라가 바람을 피우니?)

ㅁ. 她给她老公**戴绿帽子**了。

(그녀는 바람을 피웠다.)

ㄹ. 他/她**出轨**了。

(그/그녀는 바람이 났다.)

(162ㄱ, ㄴ)번은 한국어 예인데 (162ㄱ)는 여자가 남편과의 신뢰를 저버리고 다른 남자와 관계를 가진다. '바람'의 안에서 밖으로 이동하는 방향성을 보여준다. (162ㄴ)번은 남편이 자기의 아내와의 신뢰를 저버리고 다른 여자와 관계를 맺는다. '바람'이 밖으로 퍼지는 특성에 의해서 확장한다. (162ㄱ, ㄴ)번은 한국어에서 부부 사이를 바람으로 개념화하여 부부사이는 목표영역으로 보고 바람을 근원영역으로 여긴 표현의 예이다. (162ㄷ-ㄹ)번은 중국어 예이다. (162ㄷ)번은 여자를 '红杏'으로 개념화하고 여자가 딴 사람에게 바람이 나는 행위를 '红杏出墙'[57]으로 사상한 표현이다. 살구꽃이 담 안에서 밖으로 나가는 방

---

57) 游园不值　　　　　叶绍翁　　　〈유원불치〉　　섭소옹
　　应怜展齿印苍苔,　　푸른 이끼에 나막신 자국이 남길까 봐
　　小扣柴扉久不开。　　대문을 가볍게 두드려 보나 오래도록 열리지 않네
　　春色满园关不住,　　뜰 안에 가득 찬 봄기운이 가둘 수 없다는 듯
　　一枝红杏出墙来。　　빨간 살구꽃이 하나가 담장 밖으로 넘어왔네

시 〈유원불치〉 중에 '红杏出墙'이라는 말은 시인이 봄에 살구꽃의 생명이 억제 할

향성이 있다. (162ㅁ)번은 여자가 바람을 피우는 행위를 '戴绿帽子了'58)로 표현한다. 이것을 사회적 신분 등급을 반영한 표현이다. 그리고 '남녀가 누구나 상대방을 저버리고 다른 이성과 관계를 맺는 것'이 목표영역이고 '出轨'59)라는 근원영역이 되어 개념화한다. 이상의 예를 통해서 한국과 중국은 모두 부부 간의 정이 이탈하는 목표영역에 서로 다른 근원영역을 사상하는 것을 알아볼 수 있다.

한국어 '바람'만의 은유적 표현으로는, '센 힘'과 '엄마의 세력' 두 가지를 찾을 수 있다. 엄마의 세력으로 확장해 나간 의미는 한국 사회에서 교육을 중시하는 문화의 영향 때문이다. 그리고 바람은 '불안정성과, 차가움'에 의해 확장되는 '들뜬 마음'이 있다. 부정적 영향에 근거하여 바람을 비난이나 공격으로 사상하여 은유 표현을 이루기도 한다.

(163) ㄱ. **바람을 잘 타는 자리.**

ㄴ. 저 애는 엄마의 **치맛바람**으로 이번 실기 시험에서 가장 좋은 점수를 받았다.

ㄷ. 그 아이는 뱃속에 **바람이 잔뜩** 들었다.

수 없는 충만한 생기를 칭찬했는데, 이후에 학자들이 여성을 살구꽃으로 사상한다. 고대 중국에서 결혼한 여성이 집에만 있고 밖에 나갈 수 있는 기회가 드물었다. 담은 여성을 집안에 포위하는 속박이 되었다. 여성은 혼인의 윤리속박을 깨뜨리고 바람이 피우는 것을 '红杏出墙'으로 개념화한다.

58) 원나라와 명나라 때 기생 가족이나 집주인에게 녹색 두건(绿色巾) 쓰게 한다. 녹색 두건(绿色巾)은 즉 绿帽子이다.

59) "出轨"라는 단어는 지난 세기 90년대에서 왔다. 이 단어는 교통 용어중에서 나와서 의미확장해왔다. 기차가 처음에 교통수단으로 나왔을 때 기차가 가는 중에 열차가 넘어지는 것은 기차가 궤도를 벗어나기 때문이다. 이후에는 사회중의 남녀가 정상적인 도덕 규칙에서 이탈하여 비정상적인 감정을 추구하는 것으로 사상한 것이다. 부부관계는 철도 중의 두 궤도처럼 동일하게 앞으로 가야된다. 그러나 부부 상방 중의 일방이나 쌍방이 다른 이성을 찾아 자기의 성이나 감정을 만족시키려고 할 때 바로 기차가 궤도에서 벗어나는 것처럼 되고 가정도 그 열차가 무너질 것이다.

중국어 '风'만 지니는 은유적 표현은, '부드러움과 방향' 두 특성에 의해 확장되는 '교육, 태도, 순조로움, 사회자리'가 있다. 두 경우 모두 긍정적인 의미 확장이다.

(164) ㄱ. 承老夫子的**春风化雨**, 遂令小子成名。

  (스승님의 훌륭한 교육으로, 한낱 철부지가 마침내 명성을 날리게 되었습니다.)

 ㄴ. 邻居张奶奶对待别人从来都是春风和气。

  (이웃의 장 할머니는 다른 사람을 대하는 것이 언제나 봄바람과 같다.)

 ㄷ. 希望他这次的泰山之行一路顺风。

  (이번에 태산의 여행은 순조롭기를 바란다.)

 ㄹ. 好人和坏人的区别往往在于, 就算是好人占了上风, 也不太愿意去伤害之前伤害自己的人。

  (좋은 사람과 나쁜 사람의 구별은 좋은 사람이 상풍(우위)을 차지하더라도 자신을 해치는 사람을 해치고 싶지 않다.)

 ㅁ. 与王师傅比起来, 我自愧不如, 甘拜**下风**。

  (왕형과 비교해 보니 나는 자신의 열세를 기꺼이 인정하여 머리를 굽히다.)

5.1.2. 한국어 '구름'과 중국어 '云'의 대조

5.1.2.1. 한국어 '구름' 어휘 종류와 중국어 '云' 어휘종류의 대조

먼저 3.2. 한국어 '구름' 어휘 종류와 4.2. 중국어 '云' 어휘 종류의 분석을 토대로 한·중 '구름' 어휘의 종류를 대조 분석하겠다. 3.1.과

4.1.의 내용을 표로 아래와 같이 표시할 수 있다.

전호	목표영역		바람의 속성	근원영역
	한국어 구름	중국어 云		
1	유방구름	乳状云	모양	유방
2	비늘구름	鱼鳞云		비늘
3	모루구름	砧状云		모루
4	삿갓구름	山帽云		삿갓
5	솜구름	絮状高积云		솜
6	새털구름			새털
7	렌즈구름			렌즈
8	실구름			실
9	꽃구름			꽃
10	조개구름			조개
11	나비구름			나비
12	양떼구름			양떼
13	꼬리구름			꼬리
14	먹구름	幡状云	색깔	먹
15		毛卷云		깃발
16		乌云	색깔	까마귀
17		火烧云		불

〈표 5〉한국어 '구름'과 중국어 '云' 어휘 종류의 은유 대조

위의 표를 보면, 한국어 '구름'과 중국어 '云' 어휘의 공통점은 근원영역의 '유방, 비늘모루'를 통해서 그들의 모양 유사성으로 은유적인 어휘를 형성한다는 점이다.

같은 의미를 표현해도 근원영역이 다르다.

첫째, 한국어의 '삿갓구름'은 근원영역이 '삿갓'이고 중국어 '山帽云'은 보다 넓은 범위의 '모자'를 가지고 구름의 모양을 은유한다. 둘째, 한국어에는 '먹'의 색깔을 이용하여, 검은 구름을 표현한다. 이것을 중국에서는 '까마귀'의 검정색을 통하여 검은 구름을 표현한다.

한국어 '구름'과 중국어 '云' 어휘 근원영역의 차이점. 한국어에서 '새털, 렌즈, 실, 꽃, 조개, 나비, 양, 꼬리'의 모양을 통해서 은유적으로 구름을 표현한다. 중국에서는 이런 표현이 없고 중국어에서 '깃발, 모권, 불'을 의해서 구름의 은유표현을 이룬다.

5.1.2.2. 한국어 '구름' 관련 표현과 중국어 '云' 관련 표현 대조

1) '구름'을 목표영역으로 삼은 표현은 다음 표와 같이 나타난다.

목표영역		특성	근원영역
한국어 구름	중국어 云		
연기 구름을 타다	(人)腾云/泛云/御云	이동서	이동수단
구름이 흘러가다	流动的云/流云		액체
부드러운 구름	柔软的云像棉花团	감각	촉감-시각

〈표 6〉 한국어 '구름'과 중국어 '云'의 목표영역 표현의 대조

위의 표를 살펴보며, 한국어 '구름'과 중국어 '云'은 모두 '액체, 이동수단'을 근원영역으로 삼는다. 그리고 시각 내용을 촉각으로 표현한다. 이 부분은 인지의 보편성으로 설명할 수 있다.

(165) ㄱ. 화면에 흰 연기가 펑 터지면 홀연히 나타났다가 **구름을 타**
고 하늘을 날아가는 **홍길동** 영화인 〈피아골〉이 극장에 붙

었고..

ㄴ. 먼 하늘에 흰 **구름이 흘러**가고 있었다.

ㄷ. 꽃봉오리처럼 **부드러운 구름** 사이로 은빛 같은 하얀 비행 기두 대가 북쪽을 향해서 자취를 감추며 날아갔다

(166) ㄱ. 孙悟空会**腾云**驾雾, 一个跟头翻十万八千里。

(손오공은 구름과 안개를 탈 줄 알고, 한 걸음에 무려 십 만 팔 천리를 넘었다.)

ㄴ. 缓缓**流动的云**。

(천천히 흐르는 구름.)

ㄷ. 洁白柔软的**云像棉花团**

(순결하고 부 드러 운 구름이 솜뭉치 같다.)

2) 바람을 근원영역으로 삼은 표현은 다음과 같이 표로 정리 할 수 있다.

근원영역		특성	목표영역
한국어 구름	중국어 云		
먼지구름 흙구름	沙云/ 稻云	모양	먼지/벼
세상사 뜬구름 인생이 뜬구름처럼 부귀와 공명은 뜬구름	气烟消云散 人生如浮云,	변화	화 인생 영화부귀
남북 관계의 먹구름 국회에 먹장구름 몰려 왔다 경제에 먹구름을 드리 우고 전쟁의 먹구름 집안엔 더욱 먹구름이	中新关系 两岸关系上空的乌云 油市再次乌云密布 两岸对峙,战云密布 我们家从此阴云密布。	영향	국제관계 저치 경제 전쟁 안색 집안 분위기 마음

끼고 마음은 먹구름 의구심의 먹구름 불평과 불만이 먹구름처럼	心头的疑云		의심 어려움
구름다리	搬云梯	위치	물건의 위치
	云泥之别		사회 지위
	壮志凌云		희망
사람 구름처럼 떠돌면서	他却想云游四方	이동성	사람
	钢琴弹得行云流水	양이 많음	음악
방문자가 구름처럼 관람객들이 구름 떼처럼	红军云集		사람 (红军, 방문자/관람객)
	运动风起云涌		运动
	巫山云雨	하늘땅의 산물	남녀 성행위
구름옷		가리기	옷

〈표 7〉 한국어 '구름'과 중국어 '云'의 근원영역 표현의 대조

위의의 표를 보면 한국어 '구름'과 중국어 '云'을 근원영역으로 삼은 표현은 세 가지로 나눌 수 있다.

완전히 같은 표현은, 한국어 '구름'과 중국어 '云'은 구름의 특성인 '높은 위치, 흰색, 변화, 부정적이 영향'에 의해서 실현된 은유적 표현이다. 이 부분도 인지의 보편성으로 설명할 수 있다.

(167) ㄱ. **구름떡** 찹쌀가루에 밤, 대추, 강낭콩 따위를 넣어 쪄 낸 뒤 붉은 팥이나 검은깨 가루를 묻혀서 네모난 틀에 넣어 굳힌 떡.

ㄴ. 거대한 **흙구름**이 도로를 뚫고 솟구쳐 오릅니다.

ㄷ. 이 아까운 깨끗한 젊은이를 그대로 **출세**라는 **뜬구름** 속에 날려 보낼 것인가?

ㄹ. **남북 관계**의 **먹구름**.

(168) ㄱ. **人生如浮云**, 何必精打细算。

(인생은 뜬구름 같으니, 구태여 알뜰할 필요가 있느냐.)

ㄴ. **中新关系的未来出现阴云** (观察者网 2017年10月27日)

(중국과 싱가폴의 미래 관계가 어두운 구름이 나타난다.)

공통점과 차이점이 다 나타난 표현은 아래와 같다.

첫째, 구름의 '양'에서 확장된 의미이다. 이 경우 은유 기제를 통해서 구체적인 사물에서 사람 그리고 추상적인 사회운동까지 확장해 나간다. 그림으로 정리하면 아래와 같다.

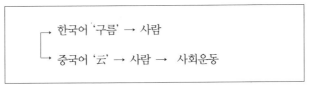

〈그림 25〉 한국어 '**구름**'과 중국어 '**云**'의 양적인 의미 확장

(169) 더운 여름철인데도 **관람객**들이 **구름 떼**처럼 몰려왔습니다.

(170) ㄱ. 土地革命时期, 这里是**红军云集**的地方。

(혁명 때는 홍군이 운집한 곳이다.)

ㄴ. 民族解放运动**风起云涌**, 势不可挡。

(미족 해방 운동이 바람을 일으키며 기세 가 솟구치다.)

둘째, 구름의 '높은 위치'라는 특성에 근거하여 한국어 '구름'의 의미는 구름의 시각적인 위치에서 높은 다리로 확장해 나간다. 중국어 '云'은 구체적인 다리나 추상적인 사람의 사회 위치뿐만 아니라 사람의 희망과 같은 보다 추상적인 것에도 한 층 더 확장해 나간다. 여기서 시각적인 거리에서 추상적인 거리 즉 사회등급과, 현실과 희망 간의 거리로 사상하는 것을 볼 수 있다.

(171) 완도군, 서망산 보행가교 '서망산 **구름다리**'로 명명. (내외뉴통신 2018.02.13.)

(172) ㄱ. 我们往下走的时光, 沿路不是往上运粮的, 就是搬**云梯**的。
   (우리는 아래로 가는 동안 길을 따라 곡식을 올라가거나 구름다리를 올라가는 것이다.)

ㄴ. 现在呢, 她高高在上, 跟自己的地位简直是**云泥**之别.
   (지금은 그녀가 직위가 높아서, 자신의 지위와는 하늘과 땅의 차이다.)

ㄷ. 一群壮志**凌云**的青年正在努力攀登科学高峰。
   (큰 포부를 가지는 한 무리의 청년들이 과학의 고지에 오르고 있다.)

두 언어의 이런 공통점과 차이점을 다음 표로 볼 수 있다.

> ┌→ 한국어 '구름' → 물건 위치가 높음
> └→ 중국어 '云' → 물건 위치가 높음 → 사회적 지위 → 포부, 희망

〈그림 26〉 한국어 '구름'과 중국어 '云'의 높은 위치의 의미 확장

셋째, 두 언어는 모두 구름의 이동성에 근거하여 사람이 떠도는 것을 표현하지만, 중국어 '云'은 구름이 바람에 의해서 물처럼 끊임없이 이어서 흐르는 것을 사상하여 음악이나 글씨를 쓰기 등에서 음이나 줄거리가 진행하는 것을 은유적으로 표현한다.

(173) 죽이고 싶도록 미운 **사람**들을 잊고 그 **구름**처럼 **떠돌**면서 살아
　　　오고 있었다.

(174) ㄱ. 如果你想安家立业，而他却想**云游**四方，无拘无束；那么你们
　　　　　并不在一条道上。
　　　　　(약 당신이 가정을 안정시키려 한다면, 그는 자유롭게
　　　　　구름 같이 사방을 돌아다니려고 하면 너희는 같은 생각
　　　　　을 갖지 않는다.)
　　　ㄴ. 我们当然不是说你轻而易举就可以把钢琴弹得**行云流水**。
　　　　　(우리는 당연히 당신이 수월하게 피아노를 칠 수 있는
　　　　　것을 말하는 　것이 아니다.)

차이점만 나타난 표현은 아래와 같다

첫째, 한국어에서 구름이 산에 둘러싼 모양, 즉 산이 감추고 보여주지 않은 특성을 사람이 옷을 입고 노출시키지 않은 특성과의 유사성에 근거하여 산은 사람0 구름은 옷으로 은유한다.

(175) 조금 전까지 보이던 산은 금방 **구름옷**을 입는다.

둘째, 중국에서 '云雨'는 남녀 간의 성행위를 의미하는 것이다. 이것은 중국의 신화와 도가(道家)사상에서 구름은 하늘과 땅의 결합으로

형성된 산물이며, 그렇기 때문에 중국어 '云'은 남녀성행위의 표현에
사용 된다. 여기서 문화적 경험으로 설명할 수 있다.

(176) 贾宝玉初试云雨情。

(가보옥은 처음에 성애를 시도한다.)

5.1.3. 한국어 '비'와 중국어 '雨'의 대조

5.1.3.1. 한국어 '비' 어휘 종류와 중국어 '雨' 어휘종류의 대조

먼저 3.3. 한국어 '비' 어휘 종류와 4.3. 중국어 '雨' 어휘 종류의 분
석을 토대로 한·중 '비' 어휘의 종류를 대조 분석하겠다. 3.3.과 4.3.의
내용을 표로 정리하면 아래와 같다.

전호	목표영역		비의 속성		근원영역	
	한국어 비	중국어 雨	한국어 비	중국어 雨	한국어 비	중국어 雨
1	안개비	烟雨 / 雾雨	가늘기	가늘기	안개	연기 / 안개
2	가루비	毛毛雨			가루 / 털	
3	이슬비	毛毛雨			이슬 / 털	
4	실비	毛毛雨			실/털	
5	채찍비	豪雨	굵기	세찬 힘	채찍	
6	달구비	豪雨			달구	
7	작살비	豪雨			작살	
8	장대비	豪雨			장대	
9	여우비		시간		여우	
10	도둑비		시간		도둑	
11	약비	藥雨	시간	효용	약	약

12	단비	甘霖 / 甘雨			단 음식	단 음식
13		饱雨		양 이 충분함		음식
14		苦雨		양 이 많음		쓴 음식
15		马鬃雨		양/힘		갈기

〈표 8〉 한국어 '비'와 중국어 '雨'의 어휘 종류 대조

위의 표를 보면 한국어 '비'와 중국어 '雨'를 표현할 때, 비의 '속도, 내리는 모양, 시간 변화' 등의 특성을 통해 '물건, 동물, 사람'으로 은유하여 표현한 어휘가 많이 나타났다.

한국어 '비'와 중국어 '雨' 어휘 종류 은유의 공통점은 두 언어는 모두 '단 맛'에 의거한 은유표현이 존재한다는 점이다. 미각 어휘 '달다'를 통해서 긍정적인 성격의 비를 은유표현이 공통적으로 존재한다.

(177) ㄱ. 휴일인 오늘은 전국이 흐린 가운데 중서부지방에는 오후 한때 약하게 **단비**가 내릴 것으로 보입니다.

　　 ㄴ. **甘雨**滋润, 桃李枝头蓓蕾红。

　　　 (단비가 촉촉하게 내려 복숭아꽃과 살구꽃이 피어났다.)

그러나 공통된 표현이어도 내포된 의미가 다르다. 첫째, 약비이다. 한중 두 언어에서 다 '약비'라는 어휘가 있지만 그 의미는 다소 다르다. 한국어에서는 봄에 필요할 때 내린 비를 말하며 곡식에 물이라는 보약을 주는 측면에서의 의미로 사용되며, 중국어에서는 입동 후 소설 전에 내려 해충을 죽이는 비를 말하는데, 이때의 약비는 살충제(약)의 의미이다. 두 언어의 어휘는 모두 '약비'이지만 그 어휘가 지시하는 시간이 다르고 의미도 다르다. 둘째, 한국어 '비'는 중국어 '雨'의 목표영

역의 표현보다 더 상세하다. 한국어에서 '장대, 채찍, 작살, 장대' 등을 통해서 비의 내재적인 힘과 굵은 빗줄기를 은유하여 표현한다. 이와 같이 중국어에 경우에는 은유표현은 '豪雨, 马鬃雨' 로 해당하고 비가 내리는 양과 힘을 보여준다. 다만 한국에서 빗줄기에 굵기에 따라 '비' 의 세찬 힘과 내리는 과정을 보여준다. 중국에 경우 동물의 털의 딱딱한 촉각으로 비가 세차게 내리는 것을 표현한다. 셋째, 한국어의 '안개비, 이슬비, 가루비/가랑비, 실비'는 '안개, 이슬, 가루(가랑), 실' 들이 가는 모양을 비에 사상하여 형성된 은유표현이다. 이와 해당어휘는 중국어에서는 '毛毛雨' 가 있는데 이 어휘는 동물의 털로 비를 은유적으로 표현한다. 이런 차이점은 인지의 상세성차이로 설명할 수 있다.

한국어 '비'만 지니는 은유적 어휘는 아래와 같다.

한국어의 비 이름은 빗줄기의 굵기에 따라 지정된 사물을 통해 은유한다. 빗줄기가 가늘 경우는 '안개비, 가루비(가랑비), 이슬비, 실비' 등이 있고, 빗줄기가 굵은 경우는 '채찍비, 달구비, 작살비, 장대비' 등이 있다.

그리고 다른 은유 양상으로, 동물인 여우의 동작의 민첩성이 반영된 의해 '여우비'라는 명사형 합성어를 구성된다. 중국어에서는 동물을 가지고 비를 표현하는 어휘가 없다. 사람으로 비를 표현한 것으로 한국어의 '도둑비' 라는 어휘가 있다 '도둑'이라는 신분으로 비가 밤에 사람이 모를 때 내린다는 시기적, 청각적 특징을 드러낸다.

중국어 '雨' 만 지니는 은유적 어휘는 아래와 같다.

중국에서는 사람의 '느낌, 미각' 등을 비가 내 비가 내린 후의 영양을 표현한다. 비의 양이 많아 흙이 흠뻑 젖은 상태를 통해 드러낸다(饱雨). '苦雨', 즉 쓴 맛을 통해 비가 오랜 시간에 많이 내리는 경우에 발생하는 피해에 대한 사람들의 감정을 미각 '쓰다'로 표현한다.

위의 분석을 정리하면 한국어에서는 비가 내리는 양태와 내재의 힘에 주목하고 중국어에서는 비의 양과 내재의 힘, 그리고 비가 내린 후에 사람에게 준 영향에 초점하고 있다는 것을 알 수 있다.

5.1.3.2. 한국어 '비' 관련 표현과 중국어 '雨' 관련 표현 대조

1) '비'를 목표영역으로 삼은 표현은 다음 표와 같이 나타난다.

목표영역		특성	근원영역
한국어 비	중국어 雨		
비가 쏟아져서	倾盆大雨	액체	그릇 안 물질

〈표 9〉 한국어 '비'와 중국어 '雨'를 목표영역으로 삼은 표현

위의 표를 보면, 한국과 중국은 다 비를 액체로 인지하여 그릇 속에 물질로 인지한다. 이때에는 비가 위에서 아래로 세차게 내리는 방향을 내재하고 있다.

2) '비'를 근원영역으로 삼은 표현

한국어 '비'와 중국어 '雨'를 근원영역으로 삼은 표현들을 비의 '양, 내리는 양태, 파괴성, 힘, 확산, 영향' 등이 있으며, 각 특성을 나누어 표로 제시하고 다루겠다.

근원영역		특성	목표영역
한국어 비	중국어 雨		
가랑비에 옷 젖	毛毛雨	가늘다	운동
비 오듯 쏟아진다.	汗如雨下/泪如雨下	물/많음	땀/눈물
비 오듯 갑판에 떨어진다.	流星雨	떨어지는 동적인 양상/양이 많음	고기
비 오듯 쏟아지는			돌
비 오 듯 떨어지다.	弹雨		포탄
배꽃비	花雨		배꽃
비바람 없이 사는 비 오는 날이	经济并未雨过天晴 风雨交加的日子	부정적 영향	사람 불행
단비	及时雨/甘霖	제 시간	말씀/승진/자리
	暴风雨般的感情	센 힘	감정
	革命的狂风暴雨下		혁명
	满城风雨	확산	소문
	云雨巫山	하늘과 땅의 산물	남녀 성행위

〈표 10〉 한국어 '비'와 중국어 '雨'를 근원영역으로 삼은 표현

위의 표를 통해 보면 한국어 '비'와 중국어 '雨'의 공통된 확장의미는 비의 '양, 부정적 영향, 제 시간에 오기' 등 특성에 의한 은유표현이다.

단, 비가 적게 올 때의 표현은 차이를 보인다. 한국어 '가랑비'는 사소한 일이라는 의미로 비의 질적인 표현이 있으나 중국어에서는 '毛毛雨'는 양적과 질적인 표현이 함께 있다.

(178) **가랑비**에 옷 젖는다.

(179) ㄱ. 六百多万, 对那些想当村长的有钱人来说, **毛毛雨**啦!
   (육백여만 원이, 촌장이 되고 싶은 부자들에게, 보잘 것 없
   다!)

   ㄴ. 只是猜忌和反感的气氛更浓了, 不时地引起一些**毛毛雨**般的小
   吵小闹。
   (다만 시기심과 반감의 분위기가 더욱 짙어져, 때로는 가
   랑비 같은 작은 소동을 일으키기도 한다.)

중국어 '雨' 표현에만 있는 특징으로는 비의 '세찬 힘, 확산, 교육,
비가 내리는 양태' 4가지 특징에 의해 실현된 표현이 있다. 이런 확장
의미는 한국어 '비'에는 없다. 한국어 '비'와 중국어 '雨'의 이런 차이는
한국어와 중국어에 사용된 한자어의 영향으로 보인다. 중국어의 '雨'
는 중국의 사회문화들의 영향을 받은 표현들이 더 나타난다.

(180) ㄱ. 在**革命的狂风暴雨**下, 腐败王朝已濒临摇摇欲坠的状态。
   (혁명의 폭풍우속에서, 부패왕조는 이미 흔들거리는 상
   태에이르렀다.)

   ㄴ. 这件事在公诸于世之前早就传得**满城风雨**。
   (이 일은 세상에 널리 알려지기 전에 벌써 소문이 자자하
   다.)

   ㄷ. 老师对我们的关怀, 就像**春风**化雨一样, 滋润着我们幼小的心灵
   (선생님이 우리들에게 주신 관심은 초목이 자라기에 알맞
   은 비와 바람처럼 우리의 작은 마음을 적시고 있다!)

5.1.4. 한국어 '눈'과 중국어 '雪'의 대조

5.1.4.1. 한국어 '눈' 어휘 종류와 중국어 '雪' 어휘종류의 대조

먼저 3.4. 한국어 '눈' 어휘 종류와 4.4. 중국어 '雪' 어휘 종류의 분석을 토대로 한·중 '눈' 어휘의 종류를 대조 분석하겠다. 3.4.과 4.4.의 내용을 한 표로 아래와 같이 표시할 수 있다.

전호	목표영역		바람의 속성	근원영역	
	한국어 눈	중국어 雪		한국어 눈	중국어 雪
1	도둑눈		시간	도둑	
2	함박눈	鵝毛大雪		함박	거위 털
3	싸라기눈	米雪	크기	싸라기	좁쌀
4	가루눈			가루	

〈표 11〉 한국어 '눈'과 중국어 '雪' 어휘 종류 대비

위의 표로 알 수 있듯이 한국어 '눈' 어휘는 중국어 '雪'보다 더 많다. 두 언어가 같은 의미를 표현할 때도 근원영역이 다른 경우가 있다. 한국에서 '함박눈' 은 중국어로 '鵝毛大雪' 이고, 한국에서 '함박꽃'으로, 중국어는 '鵝毛'로 눈이 펑펑 많이 내릴 때를 은유한다. 한국어는 눈의 크기인 양적인 것에 주목하고 중국어는 양적 측면만이 아니고 색깔과 가벼움 등 질적인 것도 같이 주목한다. 한국어의 '싸라기눈' 은 중국에서 '米雪/稷雪'으로 표현한다. 그 원인은 자연환경에 의한 문화 차이 때문으로 보인다. 한국은 '쌀 문화'이며 중국의 중원 지역은 좁쌀을 주로 재배하는 것에서 온 표현으로 생각된다.

한국어에서만 나타나는 은유표현은 '도둑눈', '가루눈'이 있다. '도

둑눈'은 '도둑비'와 똑같이 밤에 사람들이 잘 때 눈이 오는 것으로, 시간을 강조하는 어휘이다. 사람을 가지고 은유할 때 한국은 눈이 오는 시간을 초점으로 한다. 중국어에서는 이런 은유 표현이 없다. '가루눈'은 내리는 눈의 크기가 가늘다는 속성에 근거하여 이루어진 은유 표현이다.

5.1.4.2. 한국어 '눈' 관련 표현과 중국어 '雪' 관련 표현 대조

앞에 3.4. 과 4.4.의 분석을 토대로 한국어 '눈'과 중국어 '雪'의 표현은 은유를 통해서 이루어지고, 은유 표현은 또 다시 근원영역과 목표영역 두 가지로 나누어 대조하며 고찰하고자 한다.

1) '눈'을 목표영역으로 삼은 표현은 다음 표와 같이 나타난다.

목표영역		특성	근원영역
한국어 눈	중국어 雪		
목화솜 같은 눈	棉絮般的雪花	크기/색깔	솜
눈들의 춤	大雪飞舞	이동서	사람
눈이 부드럽게 내린다.	雪不大, 却柔柔地飘/轻柔的小雪花	감각	촉감-시각
	雪花如同针扎一般	차가움	침

〈표 12〉 한국어 '눈'과 중국어 '雪'을 목표영역으로 삼은 표현

한국어 '눈'과 중국어 '雪'을 목표영역으로 삼은 표현들이 은유표현에서 보이는 공통된 근원영역의 구체적인 양상을 보이고, 두 언어에서다 동작인 춤으로 눈이 오는 형태를 표현한다. 두 언어 간의 차이점은중국어에서 침(针)의 차가움을 바람으로 사상한 표현에서 두드러진다.

이런 표현은 한국어에서는 없다.

(181) 雪花疯狂的咆哮着, 打在脸上如同针扎一般, **冰凉刺骨**。
(눈송이가 미친 듯이 포효하며, 얼굴에 바늘을 찌르는 것처럼 차갑다.)

2) '눈'을 근원영역으로 삼은 표현은 다음 표로 정리할 수 있다.

근원영역		특성	목표영역
한국어 눈	중국어 雪		
회의와 갈등 눈 녹듯 녹아 불화가 눈 녹듯 풀리		녹다	회의와 갈등 불화
소문이 눈덩이처럼 번지지 말이란 눈덩이처럼 소액지원은 눈덩이처럼 손실도 눈덩이처럼	亏损像滚雪球 负担便像 滚雪球 财富如同 滚雪球 效益就像 滚雪球	양이 많음	소문/말 손익 부담 재물/수익
	需求正呈现"雪崩" 状况。 股市发生"雪崩"。	눈사태	소요 주식시장
	雪上加霜/久经风 霜雪雨/雪中送炭。	부정적 영향	어려움
	告急文书像雪片 群众来信雪片般 献花,荣誉如雪片	얇음	문서 편지 꽃/명예
	报仇雪恨 平反昭雪 六月飞雪	순결	원한을 풀다 억울함을 벗겨 주다 6월비설
	凛如霜雪/ 冷如冰雪的眼神	차가움	안색/ 눈길

〈표 13〉 한국어 '눈'과 중국어 '雪'을 근원영역 표현의 대조

위의 표를 따라 한국어 '눈'과 중국어 '雪'의 표현에서 공통점과 차이점이 모두 나타난 표현을 살펴보고자 한다. 눈의 양이 많음의 속성에 바탕으로 하여 은유적 표현을 형성된다. 한국 두 언어에서 모두 '눈덩

이'를 굴리면 부피가 커지는 점을 '적자, 손실, 의문' 등의 추상적인 부정적 개념에 사상하지만 중국어에서는 '재물, 수익' 등 긍정적인 표현에도 사상한다. 그러나 한국어 '눈'의 경우는 부정적인 확장만 가지고 있고 중국어 '雪'은 부정적인 확장도 있고 긍정적인 확장도 있다.

(182) ㄱ. 순식간에 **소문이 눈덩이**처럼 번지지.
　　 ㄴ. 준(準)예산인 각종 기금의 방만한 운영에 따른 **손실도 눈덩이**처럼 불어났다.
(183) ㄱ. 生意**亏损像滚雪球**一样，终于发展到夫妇俩无法处理的程度。
　　　(장사 적자가 눈덩이처럼 되어 결국 부부가 할 수 없는 정도로 발전했다.)
　　 ㄴ. **财富如同滚雪球**般越滚越大。
　　　(재산이 눈덩이처럼 불어나다.)

그다음으로 차이점만 나타난 표현을 살핀다. 첫째, 한국어에서는 눈이 녹는 것을 '회의, 불화' 등의 소멸에 사상한 은유적 표현이 있다.

(216) ㄱ. **회의와 갈등 눈 녹듯 녹아 내렸**으니, 봉사 눈 뜨듯 기뻐 용약했네.
　　 ㄴ. 이 목소리를 통해 친할머니와 외할머니의 **불화가 눈 녹 듯 풀리**는 것도 매우 낯익은 일이다.
　　 ㄷ. **군사**들이 마치 **눈 녹듯**이 다 녹아버렸다는 것입니다.

둘째, 중국어에서는 눈의 '얇음, 순결, 부정적 영향, 차가움' 등 속성을 바탕으로 형성된 은유적 표현이 나타난다.

(217) ㄱ. 告急**文书**像**雪片**一样飞到朝廷。

   (긴급 문서가 눈송이처럼 조정으로 날아갔다.)

 ㄴ. 那就是自己的**未来人生**, 要像**白雪**一样圣洁而无瑕！

   (그것은 바로 자신의 미래 인생입니다. 흰 눈처럼 성하고

   깨끗하게 해야한다!)

 ㄷ. 直到宋高宗死后, 岳飞的冤狱得到平反**昭雪**。

   (송고종 돌아가긴 후에 악비의 억울한 누명이 벗겨졌다.)

 ㄹ. 只是她那艳如桃李之中却又凛如**霜雪**。

   (다만 그녀 복송아와 살구꽃처럼 예쁜 얼굴이 지나치게

   엄숙하다.)

5.2. 분석 결과

5.1의 분석으로 아는 바와 같이, 한·중 날씨 어휘의 은유적 의미 용
법에 있어서 공통점을 가지고 있으면서도 세부적으로는 차이점도 지
니고 있었다. 이 절에서는 그 각각의 원인을 다음과 같이 설명하고자
한다.

5.2.1. 공통점의 원인

한국어와 중국어 날씨 어휘 표현을 형성하는 공통 요인은 다음과 같
이 정리할 수 있다.

첫째, 두 나라간 역사상 밀접한 교류이다. 역사적으로 한·중 두 나라
는 긴밀한 교류가 있었고 이 때 물자 역시 많이 주고 받았다. 이에 따
라 두 나라가 같은, 유사한 사물을 공유하게 되었을 것이고 이에 의한

인지의 공통점이 드러나는 것은 필연적이다. 예컨대 중국은 기원전 3세기부터 목화가 들어왔고 송나라와 원나라 때 양자강과 황하 유역의 광범위한 지역으로 전파되었다. 한국에서는 목화가 1363년(공민왕 12)에 원나라에 사신으로 갔던 문익점(文益漸)에 의해서 한국에 들어오고 심기 시작했다. 이는 100년이 못되어 전국 팔도에 전파되었다. 이런 경과에 의해 목화는 한·중 두 나라 사람들이 쉽게 보고 체험할 수 있는 경험이 되었고 이러한 공통 경험을 통해 양국에서 모두 목화솜을 가지고 은유적으로 구름과 눈을 표현하게 되었을 것이다.

(218) ㄱ. 뭉실한 **솜구름**이 푸른 하늘에 떠 있다.

　　　ㄴ. **목화솜** 같은 눈이 내린다.

　　　ㄷ. 洁白柔软的云像棉花团

　　　　　(순결하고 부드러운 구름이 솜뭉치 같다.)

　　　ㄹ. 10分钟后天空开始降雪，20分钟后**棉絮般的雪花**开始飘落。

　　　　　(10분 후에 하늘에서 눈이 내리기 시작하자 20분 만에 솜 같은 눈꽃이 흩날리기 시작했다.)

　　　ㅁ. 2017年7月26日,吉林省长春市天空出现大面积的**絮状高积云**。

　　　　　(2017년 7월 26일, 길림성 장춘시 하늘에 큰 폭의 서상고적 운이 펼쳐졌다.)

둘째, 인지의 보편성이다. 세계 언어 간에는 유사성이 있다. 이러한 유사성 기저에는 인지적 보편성이 있다. 이런 유사성은 인간이 공통적으로 가지는 특질이며 이것이 언어의 반영되어 언어 보편성이 나타난다. 인간의 인지는 동일한 존재에 대해서 그 존재의 외면적인 특성과 내면적인 속성에 개념적 은유를 통해서 개념화된 보편적인 공통점이 나타난다. 날씨 어휘의 보편성의 구체적인 예는 아래와 같이 제시하겠다.

'바람'에 있어서, 바람은 '유행, 사람, 말, 어려움'등의 의미로 사용할 수 있다. 이런 용법을 개념화하는 원인은 개념적 은유 사고의 적용이다. 바람의 이런 미들은 앞에서 언급한 바와 같이 바람은 '이동성, 내재의 힘, 차가움, 부정적인 영향' 등 특성에서 기원한다. 이런 특성의 유사성을 기초로 은유사고를 적용으로 '유행, 부추김, 어려움'등의 의미로 사용된다.

구름에 있어서, 두 나라에서 모두 '먼지, 떡, 목화, 시국, 인생, 영화 부귀, 안 좋은 영향, 사회 지위' 등의 뜻으로 사용된다. 이 용법들은 바람의 확장의미와 같이 구름의 '모양, 색깔, 변화, 영향, 위치' 등의 특성의 유사성에서 개념적 은유 사고를 적용한 결과이다.

비에 있어서도, 두 나라에서 다 '땀, 눈물, 각종 밀집한 것, 불행' 등 확장의미로 쓸 수 있다. 이런 용법의 기인은 비가 내릴 때의 양태와 수량, 그리고 내린 후에 부정적 영향과 관련 속성의 유사성 때문에 개념적 은유사고의 적용으로 공통적 의미를 가지게 된다.

눈에 있어서는, 두 언어에서 다 '손익, 부담, 수익, 말, 이불' 등의 뜻으로 사용된다. 이 용법들은 '눈을 굴리면 부피가 커지고 눈이 쌓이면 땅을 가리고 차가운 공기를 막힐 수 있다'는 특성에 근거한 유사성에서 개념적 은유 사고를 적용함으로 공통적인 의미를 가지게 된다.

5.2.2. 차이점의 원인

5.2.2.1. 자연환경 차이

인지언어학의 시각으로 보면 인간이 체험하는 것을 언어에 반영된다. 따라서 인간이 생활하는 자연환경도 인간의 인지에 대해서 많은 영향을 준다. 한국과 중국의 언어차이가 생기는 것은 인간이 체험하는 자연환경의 차이에 의해서 나타날 수 있다. 이점은 한중 날씨 어휘의 의미를 설명할 수 있다.

한국어에서 '싸라기눈'은 실재물인 '부스러진 쌀알'은 그의 흰색과 크기의 유사성으로 은유한 표현이다. 이런 인지는 한국은 삼면이 바다로 둘러싸여 대부분 지역이 물이 풍부하고 토질도 비옥하여 논농사를 할 수 있기 때문이다.

이에 반해서 중국은 '싸라기눈'을 눈의 크기만 표현하는 '米(좁쌀)雪'로 한다. 이런 어휘를 만드는 것은 중국의 문명이 중원(中原)을 위주로 하여 거기는 바다와 거리가 멀고 강수가 한국만큼 많지 않아서 밭농사 중심으로 농작물을 재배하는 것이다. 그중에 눈알과 유사한 농작물은 바로 조의 열매인 '小米'하이다.

5.2.2.2. 사회문화 차이

사람들이 체험하는 경험은 언어에 반영된다. 한국과 중국은 서로 다른 사회문화가 있으므로 그러한 차이는 인간의 인지에도 영향을 미치며 자연히 언어에도 반영되게 된다. 한국과 중국은 사회문화 이유로 언어의 차이가 나타난다. 그것들을 살펴보면 다름과 같다.

한국어의 경우를 먼저 보도록 한다.

한국의 '치맛바람'은 여성의 세력이라는 의미를 지니고 있지만 주로 교육에 나서는 엄마를 말한다. 이것은 한국의 교육열이 높은 사회 특성을 반영해 주는 사회문화적인 어휘이다. 또 바람을 표현할 때 '왕바람'도 있는데 그 것은 한국의 역사상에서 나라를 다스리는 최고의 우두머리는 왕이라고 하는 계급구조를 반영한 것이다. 이점을 바람에 사상하여 은유적으로 표현한다. 한국어에서 '고추바람'은 한국음식문화에서 흔한 고추의 매운 맛을 바람의 차가움으로 사상한 표현이다, '황소바람'은 한국 농경생활에서 중요시 되는 황소의 힘을 사상한 표현이다. 이 네 어휘는 아래 그림으로 뚜렷하게 볼 수 있다.

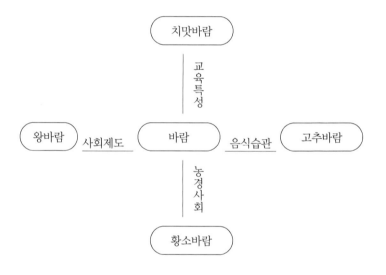

중국어의 경우를 아래와 같이 살펴보도록 한다.

첫째, '雨'에 있어서, 중국어의 '云雨'가 남녀의 성행위의 의미 확장해 나가는 것은 중국 신화의 영향으로 하늘은 남자, 땅은 여자로 삼고 '云雨'는 하늘과 땅의 결합으로 인지하기 때문이다. 이러한 인식을 바탕으로 '云雨'를 가지고 남녀의 성행위를 표현한다.

둘째, '雪'에는 '六月飛雪'이 중국 문학 작품의 내용으로, 눈이 겨울이 아닌 5, 6월에 내리는 것은 비정상적인 일이기에, 세상에 억울함이 있어 하늘이 노한 것으로 여겨 경계해야 한다는 의미를 담는다. '六月飛雪' 억울함을 경계하는 것의 의미를 가지는 까닭은 문학 작품의 영향을 받았기 때문이다.

셋째, '风'에는 한국어에서 보이는 '고추바람, 황소바람, 칼바람, 꽁무니바람, 꽃샘바람, 실바람, 명주바람'과 같은 개념적 은유 과정을 거친 어휘는 존재하지 않는다. 이를 중국어로 번역하면 해당 어휘는 '한풍(寒风), 냉풍(冷风), 폭풍(暴风), 춘한풍(春寒风), 미풍(微风)'이며 이는 개념적 은유로 의미 확장이 되는 어휘가 아니다. 대신 중국어에서는 바람 '风'과 관련된 표현들을 주로 사용한다. 중국어는 의미글자이기 때문에 앞에 있는 의미가 아주 구체적임으로 개념적 은유가 그렇게 한국어만큼 복잡하지 않다. 한국어는 의미글자가 아니기에 개념적 은유가 복잡해질 수가 없다.

5.2.2.3. 인지적 차이

인지언어학에서 '인지적 경향성'은 우리의 몸과 마음에 배어 있는 경험, 현저성, 그리고 주의력 등에서 자연스러운 인지능력을 말한다 (임지룡: 2008:434). 이런 인지적 경향성은 두 가지로 나누는데 바로 세부적으로 관찰의 상세성, 관찰의 초점이다[60].

첫째, 관찰 상세성의 차이로 보면 한국어 날씨 어휘의 경우는 중국

---

60) Liu, Fang(2016:240)에서 주의의 상세성, 주의의 초점, 관찰의 시점 세 가지로 나누지만 필자는 관찰의 상세성, 관찰의 초점으로 용어를 정리하고자 한다. 그 이유는 주의라는 용어는 현대한국어에서 많이 쓰지 않고 화자입장으로 무엇을 보고 관찰하는 데에 용어 관찰이 더 적당하다고 한다.

어보다 상세성이 더 크다. 예를 들자면 한국어 비에 관련 어휘는 '이슬비, 가루비, 실비, 채찍비, 작살비, 창대비, 달구비' 등으로 풍부하게 나오고 중국에서는 보다 단조롭게 '毛毛雨, 豪雨, 马鬃雨'로 표현한다. 한국어는 중국어보다 비에 대한 상세한 주의를 부여하기 때문이다.

한국어	중국어
가랑비	毛毛雨
가루비	
이슬비	
실비	
채찍비	豪雨/马鬃雨
달구비	
작살비	
창대비	

〈표 14〉 주의 상세성이 '한>중'인 대응 양상

둘째, 관찰의 초점에 있어서 화자가 주목하는 부분이 다르기 때문에 한·중 날씨 어휘의 차이점을 보인다. '눈' 어휘에서 한국에서 '함박눈'과 중국의 '鵝毛大雪'은 모두 눈이 펑펑 많이 내리는 눈송이를 은유적으로 표현하지만 한국어는 눈의 크기인 양적인 것만 초점을 두고 중국어는 양적뿐만이 아니고 색깔과 가벼움 등 질적인 것에도 초점을 둔다. '바람' 표현에서 한국어는 세차게 부는 바람을 표현할 때 동물이 '황소'의 힘을 빌려서 그의 내재의 힘을 은유하지만 중국어에서는 동물의 속도와 소리를 통해서 바람이 불 때 세찬 힘을 표현한다.

한국어	초점	중국어	초점
함박눈	양	鹅毛大雪	양과 질
회오리바람	양(모양)	龙卷风	양과 동작
황소바람	내재의 힘	像马, 狮子	소리와 속도

어휘 표현에 대하여 한·중 날씨 표현이 다른 내용을 다음 표로 제시하겠다.

한·중 두 언어에서 은유를 통해서 바람이 다 남녀 간의 감정으로 확장해 나가지만 한국에서 주로 부부사이의 외도를 표현하고, 중국에서는 주로 남녀 간의 사랑과 성관계를 말한다.

눈덩이가 구르면 부피가 커지는 것을 한국어에서 주로 부정적인 의미로 확장해 나가고 중국어에서는 부정적과 긍정적인 확장이 모두 있다.

날씨 표현	한국어 초점	중국어 초점
바람이 감정으로 확장	한국은 부부 사이의 외돌	눈덩이
눈덩이	부정점	긍정점/부정점

제**6**장

결론

제6장 결론

이 논문은 인지언어학 이론을 토대로 한국어와 중국어 날씨 어휘를 분석하고 대조 연구를 진행했다. 따라서 두 언어 날씨 어휘의 공통점과 차이점, 그리고 이런 현상을 일으키는 원인을 밝히는 데에 목적을 두었다. 본 논문의 주요 내용을 정리하면 다음과 같다.

1장에서는 본 서의 목적을 밝히고 선행연구를 검토한 후에 본 서를 진행하고자 원인을 밝혔다. 즉 지금까지의 연구는 연구대상이 제한되고 연구방법은 통사론적인 연구를 위주로 하였기 때문이다.

제2장에서는 한국어와 중국어 날씨 어휘 분석 과정에 관련된 인지언어학 이론에서 개념적 은유에 대해서 살펴보았다. 기존의 학자들은 개념적 은유의 근원영역은 구체적이고 보고, 듣고 맛볼 수 있는 물리적인 것이고, 목표영역은 추상적이고 덜 구체적인 것으로 주장하였다. 여기에서는 근원영역은 무엇을 표현하기 위해서 이끌어내는 객관적인 세계에 존재하는 구체적인 개념영역이고 목표영역은 쉽게 설명하고 표현하려고 하는 개념영역으로 설명하였다.

제3장은 한국어 '바람, 구름, 비, 눈' 순에 따라 각각의 어휘 이름 붙이기와 어휘 관련 표현을 분석하였고 개념적 은유 이론을 통해서 각 어휘와 표현의 인지과정을 밝혔다.

한국어 바람에 있어서 어휘종류는 모두 9개를 분석하였다. 그중에서 한국어 바람 어휘는 감각에서 '고추바람'은 음식인 고추의 매운 미각을 바람 차가움과 동일하게 인식되고, '실'과 '명주'의 매끈한 촉감, '칼바람'은 칼은 사람에게 준 통감, 등 체험을 통해서 바람에 감각으로 사상한다. 바람의 내재의 힘이라는 속성에 의해서 황소의 강한 에너지, 왕의 권세 등에 의해서 세차게 부는 바람으로 간주된다. 그리고 사람의 질투심을 바람이 이른 봄꽃이 필 무렵에 부는 것을 은유하고 회오리의 모양에 의해서 바람의 모양으로 삼는다. 동물의 뒷면을 가지고 바람이 뒤 늦게 부는 것을 지칭한다. 바람을 목표영역으로 삼은 표현을 정리하면 고추의 매운 미각과 칼로 사람을 베는 통각을 바람이 사람에게 준 통각으로 전이된다. 사람의 성격과 채찍을 휘두르는 에너지는 바람의 내재의 힘으로 사상하고, 이동수단은 바람의 이동성 속성에 의해서 바람으로, 물이 옷에 더러운 것을 씻어준 것을 바람이 가벼운 것을 일게 할 수 있는 영향으로 사상한다. '바람'을 근원영역으로 삼은 표현은 '바람'의 이동성, 불안정성, 부정적 영향, 내재의 힘에 의해서 형성된다. '바람'의 이동성을 통해 분위기, 사람의 감정, 마음, 말 네 가지로 사상하고, '바람'의 파괴성에 의해서 어려움으로 확장해나간다. '바람'의 부정적 영향에 의해서 '비난, 공격 그리고 어려움' 등으로 삼는다. 바람의 내재의 힘을 통해서 엄마의 위력으로 확장해나간다.

한국어 '구름'의 어휘종류는 모두 15개를 분석하였고 '구름'의 모양으로 사상한 어휘는 식물(꽃구름), 동물신체부위(꼬리구름, 유방구름, 비늘구름, 새털구름), 도구(모루구름, 삿갓구름, 렌즈구름, 실구름) 동물(조개구름, 나비구름)에 의해서 실현된다. 모양과 색깔 면에는 식물(솜구름), 동물(양떼구름)로 실현한다. 마지막에 먹의 검은 색으로 구름의 검색을 은유한다. '구름'을 목표영역으로 삼은 표현은 주로 '구름'을 이동수단과 액체로 삼고, '부드러운 구름' 같은 촉각으로 시각을 표현한다. 한국어 '구름'을 근원영역으로 삼은 은유 표현은 주로 '구름'

의 모양, 변화, 이동성, 영향, 양의 많음과 위치의 높음에 의해서 의미 확장을 실현한다.

한국어 '비'의 어휘종류는 모두 10개를 분석하였고 '비'의 빗줄기에 근거하여 빗줄기가 가늘면 '안개비, 이슬비, 가루비, 가랑비, 실비'로 나누고, 빗줄기가 굵으면 '채찍비, 달구비, 작살비, 장대비'로 나눈다. '비'가 내리는 시간에 여우의 동작 민첩성에 의해서 햇볕이 있는 동안 내리는 비가 '여우비', 밤에 사람들이 모르는 시간에 내리는 비가 '도둑비'이고, 꼭 필요할 때 내리는 비는 '약비, 단비'이다. '비'를 근원영역으로 삼은 은유 '비'의 양, 떨어지는 양상, 부정적 여향과 필요할 때 내리는 사간성에 의해서 밀집적인 것, 어려움, 필요할 때 일어나는 일 등을 표현한다.

눈과 관련 어휘의 은유는 주로 눈의 모양과 색깔, 내리는 시간 세 가지로 나눌 수 있다. '눈'을 목표영역으로 삼은 표현은 눈의 모양과 내리는 상태에 의해서 형성된다. 한국어 '눈'을 근원영역으로 삼은 표현은 '눈덩이'가 쌓이는 것을 부정적으로 '말/소문/적자/손실' 등으로 확장해 나간다. 그리고 '눈 녹듯이'의 표현을 통해서 '회의/불화'로 확장해 나간다.

제4장은 중국어 날씨 어휘 '风, 云, 雨, 雪' 순으로 각각의 어휘 이름 붙이기와 어휘 표현을 논의하였다. 어휘를 고찰할 때 개념적 은유를 적용하여 어휘 의미의 은유적 확장의 물리적, 경험적 근거를 제시하였다.

바람의 이름을 붙이기는 주로 바람의 소리(悲风), 모양(长风), 방향(上风, 下风)과 내재의 힘(狂风) 네 가지에 의해서 은유표현을 형성된다. '风'을 목표영역으로 삼은 표현은 내재의 힘에 의해서 채찍과 칼은 바람으로 사상하고, 동물은 소리와 이동성의 유사성으로 바람에 사상하며, 이동수단과 사람의 이동성을 바람의 이동에 부여한다. 그리고 빗자루가 더러운 것을 쓸어내는 과정을 바람이 불어서 더러운 것을 쓸어준 것에 부여한다. 도식으로 명확하게 볼 수 있다. '风'을 근원영역으로 삼은 표현은 주로 바람의 이동성에 의해서 '유행, 감정(남녀관계)'로 확장해 나간다. 바람의 속도의 속성으로 사람의 행동이나 차 등의 속도가 빠르다는 것에 사상한다. 바람의 파괴성의 속성에 의해서 어려움(시련)으로 간주한 은유표현이 있다. 바람이 천천히 불어오는 촉감이 교육과 사람의 좋은 태도로 사상한다. 바람의 방향성은 사람의 사회 위치를 대표하는 은유표현 '上风, 下风'도 나타난다. 바람의 힘에 의한 은유표현은 혁명으로 확장된다.

'云'을 목표영역으로 삼은 표현은 '구름'은 이동수단, 액체의 이동성와 유사해서 은유를 실현하고, '柔软的云'은 인간이 촉각을 통해서 알 수 있는 것을 시각으로 전이해 나간다. 중국어 '云'을 근원영역으로 삼은 표현은 '구름'의 위치, 변화, 이동성, 영향, 양의 많음, 하늘과 땅의 산물에 의해서 많은 확장이 일어나다.

중국어 '雨'의 의미 표현은 동물의 신체부위(毛毛雨 /豪雨/马鬃雨), 효과(藥雨), 음식(饱雨/甘霖/甘雨/苦雨) 세 가지로 나눌 수 있다. '雨'를 근원영역으로 삼은 표현은 '비'의 양, 떨어지는 양상, 부정적 영양, 센 힘, 확산, 시간 등 특성에 의해서 '사소한 일, 밀집한 것, 어려움, 감정, 혁명, 소문과 필요할 때 나타나기' 등으로 사상한다.

중국어 '雪'의 이름 붙이기의 은유표현은 주로 눈의 모양과 색깔 두 가지로 '米雪, 鹅毛大雪'만 있다. '雪'을 근원영역으로 삼은 은유 표현은 주로 '솜의 크기와 색깔, 사람이 춤을 추는 모양, 침이 사람을 지르는 통감'을 통해서 '눈'의 모양, 이동성, 차가움 세 가지를 표현한다. 중국어 '雪'을 근원영역으로 삼은 은유 표현은 '눈'의 많은 양, 차가움, 눈사태와 부정적인 영양 네 가지로 '부정적인 손익/부담, 긍정적인 재물/수익, 차가운 눈길(眼神), 어두운 안색과 어려움'으로 사상한다. 그림으로 정리하면 아래와 같다.

제5장은 3, 4장의 분석을 기초로 하여 대조언어학적 방법으로 날씨 어휘의 측면에서 한·중 날씨 어휘의 의미양상을 대조 분석하였다. 이러한 분석을 통해서한·중 날씨 어휘에서 개념적 은유의 공통점과 차이점을 발견하고 설명하였다.

먼저 은유의 공통점을 보면 인간 인지 과정은 인지적 보편성이 있기 때문에 인지적 공통성이 나타난다. 이러한 공통성은 세계 언어 간에는 유사성이 인간이 공통적으로 가지는 특질이며 이것이 언어의 반영되어 언어 보편성이 형성된다. 인지의 보편성으로 인하여 한·중 날씨 어휘의 은유적 표현의 공통점은 다음과 같다.

'바람'에 있어서, 바람은 '유행, 사람, 말, 어려움' 등의 의미로 사용할 수 있다. 이런 용법을 개념화하는 것은 바람이 '이동성, 내재의 힘, 차가움, 부정적인 영향' 등 특성에서 기원한다. 구름에 있어서, 두 나라에서 모두 '먼지, 떡, 목화, 시국, 인생, 영화부귀, 안 좋은 영향, 사회 지위' 등의 뜻으로 사용된다. 이 용법들은 바람의 확장의미와 같이 구름의 '모양, 색깔, 변화, 영향, 위치' 등의 특성의 유사성에서 개념적 은유 사고를 적용한 결과이다. 비에 있어서도, 두 나라에서 다 '땀, 눈물, 각종 밀집한 것, 불행' 등 확장의미로 쓸 수 있다. 이런 용법은 비가 내릴 때의 양태와 수량, 그리고 내린 후에 부정적 영향과 관련 속성의 유사성 때문에 개념적 은유사고의 적용으로 공통적 의미를 가지게 된다. 눈에 있어서는, 두 언어에서 다 '손익, 부담, 수익, 말, 이불' 등의 뜻으로 사용된다. 이 용법들은 '눈을 굴리면 부피가 커지고 눈이 쌓이면 땅을 가리고 차가운 공기를 막힐 수 있다'는 특성에 근거한 유사성에서 개념적 은유 사고를 적용함으로 공통적인 의미를 가지게 된다.

한·중 날씨 어휘의 인지과정의 차이점은 다음과 같다.

첫째, 한국과 중국의 언어차이가 생기는 것은 인간이 체험하는 자연환경의 차이에 의해서 나타난다. 한국은 삼면이 바다로 둘러싸여 대부분 지역이 물이 풍부하고 토질도 비옥하여 논농사를 할 수 있기 때문에 실재물인 '부스러진 쌀알'은 그의 흰색과 크기의 유사한 눈을 '싸라기눈'과 같은 은유적인 표현이고 이와 반해서 중국은 중원(中原)을 위주로 하여 거기는 바다와 거리가 멀고 강수가 한국만큼 많지 않아서 좁쌀을 재배하는 것이다. 이로써 중국에서 '米(좁쌀)雪'을 가지고 크기가 비슷한 '눈'을 은유적으로 표현한다.

둘째, 한국과 중국은 서로 다른 사회문화가 있으므로 그러한 차이는 인간의 인지에도 영향을 미치며 자연히 언어에도 반영되게 된다. 한국어에서 한국의 교육열이 높은 사회 특성을 반영해 주는 '치맛바람', 한국의 역사상에서 계급구조를 표현하는 '왕바람', 한국음식문화에서 흔한 고추의 매운 맛을 바람의 차가움으로 사상한 '고추바람', 한국 농경생활에서 중요시 되는 황소의 힘을 빗대어 표현하는 '황소바람' 등, 이 네 어휘는 한국의 특별한 문화에 근거하여 형성된 개념적 은유이다.

중국어의 경우를 살펴보도록 한다. '雨'에 있어서, 중국어의 '云雨'가 남녀의 성행위의 의미 확장해 나가는 것은 중국 신화의 영향으로 하늘은 남자, 땅은 여자로 삼고 '云雨'는 하늘과 땅의 결합으로 인지하기 때문이다. 이러한 인식을 바탕으로 '云雨'를 가지고 남녀의 성행위를 표현한다.

셋째, 인지적 경향의 영향이다. 이런 인지적 경향성은 두 가지로 나누는데 바로 세부적으로 관찰의 상세성과 관찰의 초점이다. 한국어 날씨 어휘의 경우는 중국어보다 상세성이 더 크다. 예를 들자면 한국어 비에 관련 어휘는 '이슬비, 가루비, 실비, 채찍비, 작살비, 창대비, 달구비' 등으로 빗줄기에 따라 풍부하게 나오고 중국에서는 보다 단조롭게 '毛毛雨, 豪雨, 马鬃雨'로 표현한다. 중국어는 의미글자이기 때문에 앞에 있는 의미가 아주 구체적임으로 개념적 은유가 그렇게 한국어만큼 복잡하지 않다. 한국어는 의미글자가 아니기에 개념적 은유가 복잡해질 수가 없다. 관찰의 초점면에 있어서는 한·중 두 언어에서 은유를 통해서 바람이 다 남녀 간의 감정으로 확장해 나가지만 한국에서 주로 부부사이의 외도를 표현하고, 중국에서는 주로 남녀 간의 사랑과 성관계를 말한다. 눈덩이가 구르면 부피가 커지는 것을 한국어에서 주로 부정적인 초점으로 확장해 나가고 중국어에서는 부정적과 긍정적인 특성에 모두 초점을 둔다.

본 서에서 다음의 몇 가지의 의의를 찾을 수 있다. 첫째, 한국어 '바람', '비', '눈', '구름' 와 중국어 '风', '雨', '雪', '云'의 어휘 종류와 어휘 관련 표현을 전면적으로 분석하였다. 분석 과정에는 어휘의 인지적 인지 과정과 근원을 밝힐 수 있다. 둘째, 날씨 어휘의 의미 양상을 분석할 때 통사론적 언어 현상에 머물지 않고 인지언어학 기제를 적용하여 언어 현사에 숨어 있는 자연·문화·인지적 요인을 밝히는 데 노력하였다. 셋째, 중국인과 한국인을 대상으로 하는 한국어와 중국어 교육에 순수한 암기 방법에서 벗어나고 인지의 층면에서 이해하여 교육시키는 데에 효과가 있다.

본 서의 한계점은 다음과 같다.

첫째, 연구대상에 있어서 연구 대상을 선정할 때 인간이 자주 경험할 수 있는 '바람, 구름, 비, 눈' 네 가지만 선택하였다. 다른 날씨 어휘의 명사와 형용사, 동사들이 역시 제외하고 있는 것이다.

둘째, 설명 방법에 있어서 한국어와 중국어 날씨 어휘의 인지 과정을 규명하기 위해서 가장 적절한 인지 기제인 은유로 설명하였다. 하지만 날씨 어휘 중에 인지 과정을 겪지 않는 부분은 본 서에서 제외해서 연구의 폭넓게 다루지 못한 한계가 있다.

셋째, 결합 환경에 있어서 본 서는 한국어와 중국어 날씨 어휘의 의미적 접근만 하였고, 날씨 어휘의 통사적 환경과 구문의 어순 등을 조사하지 않았다.

넷째, 자료를 논의할 때 심층 있는 인지적 분석, 심리적 분석, 양국민의 정서적 분석을 하지 못한다. 특히 날씨 어휘 관련 표현에 관한 논의는 부족하다. 이에 관한 연구는 계속하기로 한다.

이상의 작업들은 향후의 과제로 삼아 보완하도록 하겠다.

참고 문헌

【국내 출판물】

Liu, Fang(2016), 「한국어 분류사의 인지언어학적 연구」, 경북대학교 대학원. 박사논문

고려대학교 민족문화연구원 국어사전편찬실(2009), 『고려대 한국어대사전』, 고려대학교 민족문화연구원

구본관(2008), 「한국어 색채 표현에 대한 인지언어학적 고찰」, 『형태론』, 10-2, 도서출판 박이정, pp.261-285.

국립국어원, 『표준국어대사전』, 국립국어연구회, 두산동아 출판사.

권경원(1999), 「개념적 은유에 관한 연구」, 『언어연구』15, 한국현대언어학회, pp.3-23.

권연진(2017), 『인지언어학에서 은유의 보편성과 상대성』, 한국문화사.

권혁웅(2017), 『환유』, 모악.

金健秀(1993), 「은유의 언어학적 분석」, 『영어영문학』12, 한국강원영어영문학회, pp.343-373.

김동원(2013), 『인지언어학과 개념적 혼성이론』, 박이정.

김동환(2004), 「개념적 혼성에 입각한 은유의 의미구성」, 『담화와 인지』 11-1, 담화ㆍ인지언어학회, pp.31-57.

_____(2005), 『인지언어학과 의미』, 태학사.

_____(2010), 「인지언어학 연구 방법론」, 『우리말연구』 27, 우리말학회, pp.5-28.

김미형(2009), 『인지적 대조언어학의 방법론 연구』, 한국문화사.

김민수, 권연진(2016), 「감정 은유에 나타난 문화와 사고의 상호연관성」, 『언어과학』23, 한국언어과학회, pp.61-81.

김보경(2001), 「한국어 신체어의 은유와 환유」, 상명대학교 대학원 석사논문

김욱동(1999), 『은유와 환유』, 민음사.

김종도(2004), 『은유의 세계』, 한국문화사.

_____(2005), 『(인지문법적 관점에서 본)환유의 세계』, 경진문화사.

김중현(2001),「국어 공감각 표현의 인지 언어학적 연구」,『담화와 인지』8 , 담화 · 인지언어학회, pp.23-46.

김진우(1999),『認知言語學의 理解』, 한국문화사.

_____(2011),『言語와 腦』, 한국문화사.

金鎭海(2009),「槪念的 隱喩의 相對性」,『어문연구』37,한국어문교육연구회, pp.85-110.

김진희(2014),「浅析韩中隐喻性惯用语投射的文化共性和差异」,『중국인문과학』57, 중국인문학회, pp.131-146.

김혜원(2005),「'바라, 風'을 소재로 하는 관용표현 한중 대조」,『韓中言語文化研究 』9, pp.73-97.

박건숙(2005),「자연언어처리를 위한 구문 의미 정보 구축 : 날씨 어휘장을 대상으로」, 상명대학교 대학원 박사논문

박보경(1997),「은유의 의미 구조 고찰」, 전남대학교 대학원 석사논문.

박연규(1983),「隱喩의 遂行的 意味에 對한 硏究」, 東國大學校 석사논문.

박원호(2018),「자동차 광고 언어의 화용론적 연구」,한남대학교 대학원 박사논문.

백승희(2009),「어휘장을 활용한 한국어 어휘 교육 연구: 일기예보에 나타난 날씨 어휘를 중심으로」, 상명대학교 대학원 박사논문.

서경석(2002),「신명기 11장에 나타난 비의 현대적 적용」, 천안대학교 기독신학대학원 석사논문.

서인혜(2016),「음식 이미지를 통한 환유적 표현 연구」, 이화여자대학교 대학원 석사논문.

송미령(2005),「現代中國語 隱喩의 言語學的 分析」, 연세대학교 대학원 박사논문.

송현주(2015),『국어 동기화의 인지언어학적 탐색』, 한국문화사.

신동일(2002),「국어 은유의 연구」, 한남대학교 대학원 박사논문.

양용준(2016),「은유의 언어학적 분석 및 해석」,『영어영문학』21, 미래영어영문학회, pp.257-273.

양의진(2015),「현대중국어 동물은유 표현 연구」, 延世大學校大學院 석사논문.

양해림(2011),『인지문화란 무엇인가』, 충남대학교출판문화원.

_____(2012), 『공감인지란 무엇인가』, 충남대학교출판문화원.

엄경희(2003), 「은유의 이론과 본질」, 『崇實語文』19, 崇實語文學會.

여 나(2015), 「문법화로 본 한국어 조사와 중국어 개사의 대조 연구」, 한남대학교 대학원 박사논문.

오예옥(2011), 『언어사용에서의 은유와 환유』, 역락.

오현금(1996), 「인지과학과 언어학」, 『프랑스학연구』14, 프랑스학회, pp.21-38.

왕청동(2003), 「한·중 양어 어휘의 의미 대조 연구 : {바람}과 {風}을 중심으로」, 고려대학교 대학원 박사논문

윤경선(2011), 「國語 概念 隱喩의 寫像 樣相 研究」, 중앙대학교 대학원 석사논문.

尹敬愛, 鄒愛芳(2009), 「한국어와 중국어의 개념적 은유에 대한 일고찰」, 『中國人文科學』43, 중국인문학회, pp.159-174.

윤홍노(1973), 「國語 隱喩의 意味論的 考察」, 建國大學校 大學院.

이광호(2004), 『인간과 기후환경』, 서울:시그마프레스.

이기동(2000), 『인지언어학』, 한국문화사.

이대규(2012), 「일기예보를 활용한 한국어교육: KBS 9시 뉴스 일기예보 대본을 중심으로」, 충남대학교 대학원 석사논문.

이미영(1995), 「〈눈〉 명칭에 대한 고찰」, 『한국어 내용론』, 한국어내용학회 2, pp.173-186.

이범열(2015), 「현대중국어의 식물은유: 인간과 식물의 관계를 중심으로」, 『中國語文學誌』52, 중국어문학회, pp.73-204.

이수련(2000), 「인지언어학의 이해」, 『새얼語文論集』13, 동의대학교 새얼어문학회, pp.55-84.

이수련(2006), 「은유와 환유의 상호작용성 연구」, 『한글』271, pp.107-132.

_____(2015), 『개념화와 의미 해석』, 박문사.

이양혜(2003), 「한국어 파생접사에 나타난 인지의미와 기능변화 연구」, 『담화와인지』10, 담화·인지언어학회, pp.207-228.

_____(2005), 「인지언어학적 접근 방법에 따른 합성어의 의미 변화 연구」, 『우리 말연구』17, 우리말학회, pp.123-149.

이영신(2007), 「개념적 은유 '정치는 항해이다' 분석」, 『국어국문학』26,

pp.35-62.

李庸周(1986),「辭典 註釋에 대하여」,『국어생활』7. pp.82-102

이은정(1990),「어문 규정 고시 후의 사전 표제어 검토 : 1989년에 발행된 사전을 대상으로」,『국어생활』pp.32-57.

李俞美(2000),「隱喩의 言語 文化的 特性 研究」, 中央大學校 大學院.

이익섭(2011),『국어학개설』, 학연사.

이종열(2003),『비유와 인지』, 한국문화사.

이진숙(1997),「은유에 관한 개념적 연구」, 창원대학교 대학원 석사논문.

임유미(2013),「인지의미론적 은유를 통한 한국어 은유 표현과 문화항목의 통합교육」, 韓國外國語大學校 大學院 석사논문.

임정민(2011),「'싸라기눈' 명명체계에 관한 인지언어학적 연구」,『士林語文 研』究 21, pp.189-212.

_____(2013),「'가랑비'의 명명 체계에 관한 인지언어학적 연구」,『언어과 학연구』64, 언어과학회, pp.311-336.

임지룡(1996a),「의미의 인지모형에 대하여」,『語文學』57, 韓國語文學會, pp.321-340.

_____(1996b),「다이어의 인지적 의미 특성」,『언어학』18, 한국언어학회, pp.229-261.

_____(1996c),「은유의 인지언어학적 의미 분석」,『국어교육연구』28, 국 어교육학회, pp.117-150.

_____(1997),『인지의미론』, 탑출판사.

_____(2004),「국어학과인지언어학」,『나라사랑』108, pp.47-74.

_____(2006a),「환유표현의 의미특성」,『인문논총』55, 서울대학교 인문 학연구원, pp.265-299.

_____(2006b),「개념적 은유에 대하여」,『한국어의미학』20, 한국어의미 학회, pp.29-60.

_____(2008a),「인지언어학의 성격과 설명력」,『담화·인지언어학회 학술 대회발표논문집』, 담화·인지언어학회, pp.15-36.

_____(2008b),『의미의 인지언어학적 탐색』, 한국문화사.

_____(2014),「비유의 성격과 기능에 대하여」,『한글』306, 한글학회, pp.75-100.

_____(2015a),『의미의 인지언어학적 탐색』, 한국문화사.

_____(2015b),『비유의 인지언어학적 탐색』, 태학사.

_____(2016),『어휘 의미의 인지언어학적 탐색』, 태학사.

_____(2017),『한국어 의미 특성의 인지언어학적 연구』, 한국문화사.

임혜원(2004),「공간 개념의 은유적 확장 연구」, 상명대학교 대학원 박사논문.

_____(2013),『언어와 인지』, 한국문화사.

장가영(2014),「현대중국어 공간척도사의 의미와 개념화 연구」, 서울대학교 대학원 박사논문.

전혜영(2010),「한국인의 [옷] 은유에 나타나는 개념화 양상」,『한국문화연구』19, 이화여자대학교 한국문화연구원, pp.129-162.

전혜진(2012),「비(雨)의 이미지를 표현한 도자 조형 연구」, 이화여자대학교 디자인대학원 석사논문.

鄭元溶(1996),「隱喩의 意味와 構造」,『論文集』17, 慶星大學校, pp.47-62.

정희자(2003),「은유와 환유의 상호 작용」,『外大語文論集』18, 釜山外國語大學校 語文學研究所, pp.275-300.

주려빈(2016),「한·중 개념적 은유 표현 대조 연구」, 경희대학교 대학원 박사논문.

주보현, 박기성(2017),「색채어은유의 인지언어학적 대조연구」,『이중언어학』66, 이중언어학회, pp.183-216.

최지훈(2010),『한국어 관용구의 은유·환유 연구』, 예안.

최진아(2013),「인지언어학에 기초한 비유 교육 연구」, 경북대학교대학원 박사논문.

췌이펑훼이(2001),「'마음(心)'의 의미 구조에 관한 한·중 대조 연구-개념적 은유를 중심으로」, 경북대학교 대학원 박사논문.

馮晶晶(2017),「한국어와 중국어 위치 관계어의 의미 대조 연구」, 경북대학교 대학원 박사논문.

한지오(2013),「한국어 시각형용사에 대한 인지의미론적 분석」, 숙명여자대학교 대학원 석사논문.

홍승욱(2006),「Searle(1979)의 은유론에 관한 개념융합적 고찰」,『언어연구』22-2, 한국현대언어학회, pp.125-141.

Evans, V. & M. Green(2006), Cognitive Linguistics: An Introduction, Edinburgh: Edinburgh University Press. (임지룡 · 김동환 옮김(2008), 『인지언어학 기초』, 한국문화사.)

Johnson M.(1987), The Body in the mind: The bodily Basis of Meaning, Imagination, and Reason, Chicago and London: The University of Chicago Press. (노양진 옮김(2000), 『마음 속의 몸: 의미 · 상상력 · 이성의 신체적 근거』, 철학과 현실사.)

K.vecses, Z.(2006), Language, Mind, and Culture: A Practical Introductiona, Oxford: Oxford University Press.(임지룡·김동환 옮김(2010), 『언어·마음·문화의 인지언어학적 탐색』, 역락.)

Lakoff, G.(1987), Women, Fire and Dangerous Things: What Categories Reveal about the Mind, Chicago and London: The University of Chicago Press.(이기우 옮김(1994), 『인지의미론』, 한국문화사).

Lakoff, G. & M. Johnson(1980), Metaphors We live By, Chicago: The University of Chicago Press. (나익주 · 노양진 옮김(2006), 『삶으로서의 은유』, 박이정.)

Lindsay J. Qhaley (1997), Introductiong To Typology, Sage Publicatong.(김기혁 옮김(2008), 『언어 유형론』, 소통.)

Radden, G. & R. Dirven(2007), Cognitive English Grammar Amsterdam · Philadelphia: John Benjamins Publishing Company.(임지룡 · 윤희수 옮김(2009), 『인지문법론』, 박이정.)

Reka Benczes(2006), Creative Compounding in English: The Semantics of Metaphorical and Metonymical Noun—Noun Combinations, John Benjamins Publishing Company,(김동환·이미영 옮김(2014),『영어의 창조적 합성어 은유적·환유적합성어의 의미론』, 로고스하임.)

Taylor,J.R.(1989/1995),Linguistic Categorization: Prototypes in Linguistic Theory, Oxford: Clarendon Press. (조명원 · 나익주 옮김(1997),『인지언어학이란 무엇인가?』, 한국문화사.)

Ungerer, F. & H.-J. Schimid(1996/2006), An Introduction to

Cognitive Linguistics, London & New York: Longman.(임지롱·김동환 옮김(1998/2010),『인지언어학 개론』, 태학사.)

【중국 출판물】

常 晨(2015), 「汉英"风"隐喻认知对比研究」, 天津师范大学.

戴 艾(2013), 「一词多义的认知语言学研究」, 四川外国语大学.

董徐霞(2014), 「英汉"风"(wind)的隐喻对比研究」,『现代语文』10, pp.133-135.

贾春华(2011), 「一种以身体经验感知为基础形成的理论—以"六淫"中的风为例分析中医病因的隐喻特征」,『世界科学技术(中医药现代化)』13, pp.47-51.

李 琳(2016), 「英美CEO风险话语的隐喻建模研究」,『外语学刊』3, pp.75-79.

李春双(2008), 「隐喻和换喻问题的哲学意义」, 黑龙江大学,.

李美, 李明贤(2015), 「"云"的概念隐喻—英汉语料对比研究」,『南昌教育学院学报』30, pp.14-15.

李耸, 冯奇(2006), 「"风"和"wind"隐喻映射的文化透视对比」,『南昌大学学报』4, pp.157-160.

李英兰(2017), 「汉韩饮食词汇隐喻对比研究」, 华东师范大学.

廖静雅(2015), 「认知语言学视角下的文化隐喻翻译研究」,『英语广场』1, pp.24-26.

刘 宁(2010), 「云的概念隐喻分析」,『大众文艺』19, pp.132-133.

刘 泉(2010), 「从认知语言学角度对比研究」, 上海外国语大学.

刘正光(2003), 「认知语言学的哲学观——认知无意识、体验心智与隐喻思维」,『湖南大学学报』3, pp.75-80.

卢 植(2005), 「认知语言学的研究方法」,『四川外语学院学报』5, pp.84-88

鲁枢元(2005), 「汉字"风"的语义场与中国古代生态文化精神」,『文学评论』4, pp.83-92

罗 洁(2009), 「"风"的概念隐喻的中英文对比研究」, 贵州师范大学.

吕杰敏(2010), 「从认知角度探析天气隐喻」,『学理论』3, pp.88-89.

阮绪和(2011),「现代汉语类词缀"热"和"风"」,『辽东学院学报』2,pp.67-71.

束定芳(2002),「论隐喻的运作机制」,『外语教学与研究』2,pp.98-106.

_____(2004),「隐喻和换喻的差别与联系」,『上海外国语大学学报』3,pp.26-34.

_____(2012),「近10年来国外认知语言学最新进展与发展趋势」,『外语研究』1,pp.36-44.

_____(2013),「认知语言学研究方法、研究现状、目标与内容」,『西华大学学报』32,pp.52-56.

王冬青(2015),「英汉语与"云"相关的概念隐喻及其对比研究」,南京师范大学.

王改燕(2005),「从认知心理学角度看语言输出过程」,『外语教学』2,pp.6-10.

王鲁男,董保华(2006),「隐喻语际迁移研究」,『外语与外语教学』12,pp.1-4.

王铭玉(2000),「隐喻和换喻」,『外语与外语教学』,pp.27-31.

王文斌(2007),「隐喻性词义的生成和演变」,『外语与外语教学』4,pp.13-17.

王 寅(2001),「Lakoff&Johnson笔下的认知语言学」,『外国语』4,pp.15-21.

王 璨(2016),「"云"的概念隐喻—基于语料库的英汉对比研究」,『长治学院学报』1,pp.62-65.

王晓俊(2013),「中国本土文化背景下的隐喻认知观研究」,上海外国语大学.

姚振武(2007),「"认知语言学"思考」,『语文研究』2,pp.13-24.

于汇洋(2014),「"风"语汇研究」,内蒙古大学.

张权,李晨(2005),「隐喻的微观对比研究:中英文"风"的映射层面分析」,『外语研究』2,pp.25-30.

张立岩,荆桂萍(2016),「认知语言学研究方法解析,长春大学学报』26,pp.37-40.

吴 华(2009),「汉语天气情感隐喻解读」,『消费导刊』24,pp.221.

谢菁,贾春华(2012),「从认知语言学角度探讨中医六淫概念隐喻——以湿邪概念为例」,『中医药学报』40,pp.3-6.

徐 复(2000),『古代汉语大词典』,『上海辞书出版社出版』。

徐盛桓(2014),「隐喻的起因、发生和建构」,『外语教学与研究』46,pp.364-374+479-480.

_____(2015),「隐喻研究的心物随附性维度」,『上海外国语大学学报』38,pp.2-11.

杨春明(2015),「从认知角度分析"云"族新词的生成」,『成都师范学院学报』31, pp.37-40.

张蓊荟(2006),「翻译的认知隐喻观」,『外语与外语教学』6, pp.53-55.

张晓东(2013),「汉语中"风"的转喻和隐喻研究」, 东北师范大学.

赵彦春(2014),「隐喻的维度、机制及归并」,『外语教学』35, pp.1-5.

张荣, 张福荣(2010),「"雨"和"rain"隐喻映射的文化透视比较」,『吉林广播电视大学学报』2, pp.16-18.

赵艳芳(2000),「认知语言学研究综述(一)」,『解放军外国语学院学报』, pp.22-26.

赵海亮(2008),「汉语"风"词群的语义范畴及隐喻认知分析」, 云南师范大学.

中国社会科学院语言研究所(2011),『新华字典』, 人民教育出版社.

陈永霖, 叶晓锋(2017),「认知哲学视域下的"风病"观念语源探究」,『医学争鸣』8, pp.50-52.

陈伟济, 万小磊(2017),「"雨"隐喻用法英汉语对比研究」,『戏剧之家』 1, pp.258.

崔艳辉(2015),「隐喻与认知」, 吉林大学.

邹智勇(2000),「语义范畴的认知语言学诠释」,『外语学刊』3, pp.41-46.

冯军(2015),「认知语言学的"文化转向"」,『四川民族学院学报』24, pp.82-88.

夏露(2014),「中英语言中"风"的概念隐喻对比研究」, 华中师范大学.

何向妮(2016),「英汉天气隐喻文化对比研究」,『吉林化工学院学报』6, pp.26-31.

韩蕾(2009),「汉语"雨"类隐喻语的构成」,『中文自学指导』3, pp.33-35.

汉语大字典编辑委员会(2010),『汉语大字典』, 四川辞书出版社。

叶舒宪(1997),「风、云、雨、露的隐喻通释——兼论汉语中性语汇的文化编码逻辑」,『新东方』1, pp.36-42.

黄兴运, 谢世坚(2013),「英汉语"风"概念隐喻的体验认知研究」,『西安外国语大学学报』.

Abstract

A Comparative Analysis Between Korean Weather Terms and Chinese Weather Terms

by WangAiyun

With weather terms as the study object, the cognitive process of the metaphor in the forming of the terms and the relative expressions is analyzed in this thesis.

Analytically, the common ground and different points in the knowledge of natural phenomena between Chinese and Korean are compared in light of the differences of natural environments and the two cultures although the two nations are close geographically

There are 6 chapters in this thesis, covering the following contents:

Chapter one introduces the aims, research methods and objects of this study, and a literature review is given.

Chapter two is about the theory of conceptual metaphor in weather terms from the perspective of cognitive linguistics. Previous researches view the source domain of metaphor as tangible and physical, while target domain is abstract and intangible. But this paper takes the source domain as a concrete phenomenon, which is adopted to illustrate a certain phenomenon. The target domain refers to those which are easier to describe.

Chapter three analyses the terms of '바람, 구름, 비, 눈' and relative expressions in Korean under the guidance of the theory of conceptual metaphor in order to illustrate the cognitive process of words and expressions.

Chapter four analyses the terms of '风, 云, 雨, 雪' and relative expressions in Chinese under the guidance of the theory of conceptual metaphor in order to illustrate the cognitive process of words and expressions.

On the bases of the analyses in Chapter three and four, Chapter five comparatively analyzes the meanings of weather terms in Chinese and Korean languages using the method of contrastive linguistics. Reasons of the differences and common ground are revealed. The common ground comes from the close communication and the university of knowledge. While the differences result from the impact of natural environment, culture and cognitive predisposition.

Chapter six highlights the research value of this thesis, its deficient points and expectations of future study.